译者的信息素养

Translator's Information Literacy

张晨曦　编著

中国海洋大学出版社

·青岛·

图书在版编目（CIP）数据

译者的信息素养 / 张晨曦编著 . —青岛：中国海
洋大学出版社，2024.4
ISBN 978-7-5670-3792-2

Ⅰ. ①译…　Ⅱ. ①张…　Ⅲ. ①翻译－研究　Ⅳ.
①H059

中国国家版本馆 CIP 数据核字（2024）第 035645 号

出版发行	中国海洋大学出版社				
社　　址	青岛市香港东路 23 号		邮政编码	266071	
出 版 人	刘文菁				
网　　址	http://pub.ouc.edu.cn				
订购电话	0532－82032573（传真）				
责任编辑	林婷婷		电　　话	0532－85901092	
印　　制	日照日报印务中心				
版　　次	2024 年 4 月第 1 版				
印　　次	2024 年 4 月第 1 次印刷				
成品尺寸	170 mm ×240 mm				
印　　张	9.5				
字　　数	156 千				
印　　数	1～1 000				
定　　价	55.00 元				

前 言 /////////////

　　随着人工智能的迅速发展以及 ChatGPT 的横空出世,技术在各行各业已经产生了颠覆性的影响。就翻译行业而言,如果说计算机辅助翻译工具是翻译技术的 1.0 版本,机器翻译+译后编辑模式就是翻译技术的 2.0 版本,交互式机器翻译就是翻译技术的 3.0 版本,而基于大语言模型的 AIGC 技术工具就是翻译技术的 4.0 版本。作为翻译从业者、学习者或者研究者,你跟上技术的发展潮流了吗?

　　在大数据时代,国内外很多以人工为主的传统翻译公司逐渐升级转为集语言、文化和技术于一体的语言服务公司。为适应新时代语言服务行业的需求,本书以语言服务行业需求为导向,以提升译者的信息素养为目标,覆盖当今最前沿的大语言模型 AIGC 技术工具、人工智能语言平台、人机合译平台、CAT 工具、MTPE 等技术的应用,旨在迅速提升译者的翻译技术基础与能力。本书适用于外语、翻译专业的本科生、研究生,翻译技术教学及研究人员,以及翻译、审校、项目经理等其他语言服务从业者与爱好者。

　　在编写理念方面,本书体现新文科背景下的数字人文特色,为国家和社会培养所需的"外语+技术"人才,为国家对外文化的传播与国家语言服务及语言能力的建设贡献力量。同时,本书以翻译项目案例为依托,培养学生使用计算机辅助翻译工具及人工智能平台完成翻译工作,并应用检索技巧解决翻译中的实际问题的能力。

　　在课程思政方面,本书注重挖掘翻译技术课程中的思政元素,以立德树人为核心,构建课程思政体系五大模块,分别是家国情怀、国际视野、社会责任、科学精神与职业素养。每章配有课程思政元素教学,其内容体现价值引领,培养学生厚植爱国主义情怀，发扬中华民族传统美德，培养技术思维与批判性思维，增强实践创新能力，不断完善自我的知识体系，遵守信息法律法规和翻译职业准则与规范。

在内容编排方面，全书共分十二章。第一章阐述了译者的信息素养框架与语言服务行业。译者信息素养框架分为译者的信息素养基础与信息能力两大部分，是全书教学的理论指导，而语言服务行业的介绍是本书教学的实践意义，让学生了解行业现状与行业对人才的需求。第二章到第七章的教学内容是计算机辅助翻译技术，包括翻译记忆、术语管理、质量管理与项目管理等理论知识与操作实践，以及国内外主流 CAT 工具，包括 SDL Trados Studio、Déjà Vu、MemoQ、Wordfast、Transmate、雪人 CAT、飞译人机合译平台等工具的操作讲解。第八章和第九章的教学内容是从检索技术方面培养学生解决翻译问题的能力，包括 BYU 语料库的检索，Sketch Engine 语料库检索与语料库建立，搜索引擎的使用以及在线术语库、在线词典的检索等，具体包括联合国术语库、微软术语库、CNKI 翻译助手、同义词、词组搭配、词源、反向词、影视剧词语等在线词典检索案例。第十章的教学内容是机器翻译与译后编辑，让学生了解目前语言服务行业的 MTPE 翻译工作流程与策略。第十一章的教学内容是光学字符识别与语音识别技术，该技术是翻译准备工作以及人工智能技术中的主要技术之一。第十二章则讨论了人工智能在翻译领域的发展，包括大语言模型 AIGC 工具、人工智能语言平台以及视频字幕翻译等较为前沿的翻译技术和相关操作实践。

本书基于编者近十年翻译技术教学的实践经历，愿助君开启翻译技术的大门。

编　者

2023 年 8 月

目　录

第一章

译者的信息素养与语言服务行业

导 语

在信息化时代,信息素养成为职业译者的职业必备。随着全球化进程的加快和信息技术的迭代更新,翻译行业的服务对象、业务形态和工作模式均发生了变革。当今的职业化译者需要应用翻译技术工具,在翻译项目团队中处理多样化的信息。因此,在新文科背景下,高校培养的翻译人才不仅应具备扎实的语言基本功,还需要具有良好的信息素养,以适应新时代翻译职业发展的需要。

第一节 译者的信息素养概述

一、信息素养的概念

信息素养概念由美国信息产业协会主席 Zurkowski(1974)首次提出。他指出信息素养是指能利用信息工具及信息资源解决问题的能力。随着对信息素养的深入研究,ALA(1989)提出信息素养是指能够确定何时需要信息并且能够有效检索、评价和使用所需信息的能力。Elsenberg 和 Berkowitz(1990)提出信息素养模型的流程化研究,即 BIG6 信息问题解决方案,包括任务定义、信息搜索策略、定位和搜索、运用信息、综合与评价等。

二、译者的信息素养

翻译作为信息转化与信息共享的桥梁,是一种不断产生信息需求的工作,涉及不同专业学科领域的双语或多语信息。翻译活动从本质上来讲是一种信息加工,伴随着信息社会与现代职业化翻译的发展,译者需要理解、组织和管理复杂的信息。因此,译者的信息素养尤其重要。在翻译的过程,源语言文本作为一种信息,需要译者对文本中的信息进行解读,对于专业性较强的文本,还需要学习信息的相关背景,以及进行必要的相关知识的检索和评估,然后才能用新的目的语言阐述出来。

PACTE(2005)指出译者的信息素养属于翻译能力的子能力,如工具子能力、技术能力、信息挖掘能力。Pinto 和 Sales(2008)构建了译者信息素养发展模型,从知识、技术、资源和过程等方面提出培养译者信息素养的建议;王华树(2015)认为译者需要具备良好的信息检索、辨析、整合和重构能力;王少爽(2017)将译者信息素养定义为译者在翻译过程中积极利用各种信息工具与资源,主动开展信息实践活动,以及知识的发现与建构体验。

第二节　译者的信息素养框架

基于对信息素养的研究以及结合翻译职业的特点,本书构建适用于翻译人才培养的译者信息素养框架。译者的信息素养框架,如图 1-1 所示,包括译者信息素养基础与译者信息能力两大模块。其中的译者信息素养基础包括译者信息意识、译者信息技术、译者信息伦理三个子模块;译者信息能力包含解决信息问题能力以及知识体系重构能力两个模块。

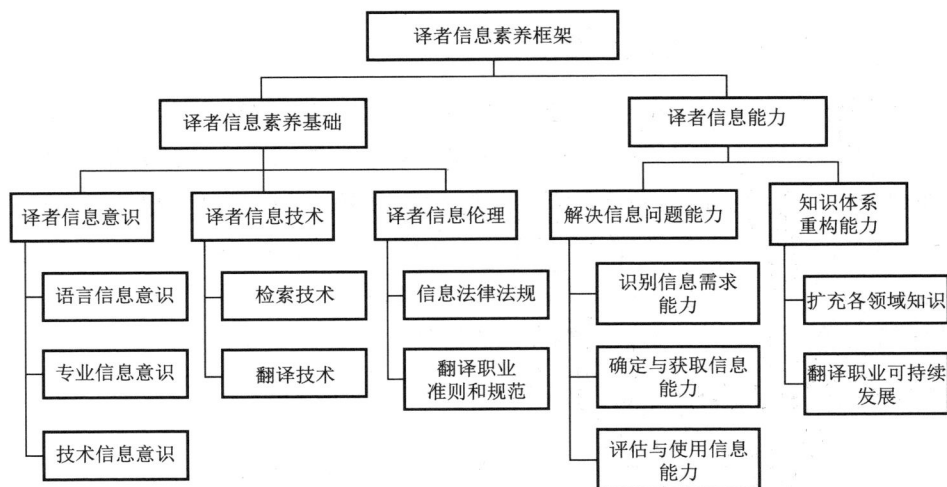

图 1-1　译者信息素养框架

一、译者信息素养基础

译者信息意识、译者信息技术与译者信息伦理三个模块相互联系,译者信息意识对译者这一信息主体的信息行为起到指导性作用;掌握译者信息技术是译者信息素养基础部分的核心内容;译者信息伦理对译者的信息行为起到规范性作用。

1. 译者信息意识

译者应该在翻译工作过程中对语言信息、专业信息与技术信息保持高度敏感。译者需要思考自身的语言基础与完成翻译任务所需的语言知识是否匹配;是否了解翻译任务的专业领域学科知识;是否可以使用翻译任务中所需要的计算机辅助翻译工具。

2. 译者信息技术

图书馆视角下的信息素养通常指的是文献检索能力,结合翻译职业特点,译者的信息技术不仅包括检索技术,还需要译者掌握翻译技术。

检索技术是指译者在翻译过程遇到问题时,能够使用学术数据库、语料库、术语库以及搜索引擎获取所需的信息,提高翻译效率以及翻译质量。检索能力是译者信息挖掘能力的重要体现,为不同学科及专业领域提供信息支持。

对于翻译技术,Bowker(2002)指出,在翻译过程中所应用的各种计算机工具的技术统称为翻译技术。按照发展阶段来讲,在翻译技术领域,先出现的是机器翻译技术,之后为了弥补其不足,产生了计算机辅助翻译。按照技术类别来讲,翻译技术包括翻译记忆库管理、术语管理、质量监控、项目管理以及光学字符识别、语音识别技术、语料库检索与网络资源检索等相关技术。图 1-2 为翻译技术在译前、译中、译后流程中的具体应用。

3. 译者信息伦理

译者信息伦理是指译者在处理信息过程中,在正确的道德观指导下,遵守信息法律法规与翻译职业准则和规范。信息法律法规包含信息作品的知识产权、信息安全等,如《中华人民共和国网络安全法》《中华人民共和国个人信息保护法》以及《中华人民共和国数据安全法》。同时,译者应提高自身网络信息免疫力,在网络使用过程中抵抗不良信息,抗击各种诱惑与干扰。翻译职业准则和规范是译员的职业道德准则和行为规范。中国翻译协会发布的译员职业道德准则具体包括端正态度、胜任能力、忠实传译、保持中立、保守秘密、遵守契

约、合作互助、妥用技术以及提升自我等九项基本道德准则；译员行为规范包括
基本行为规范、译前行为规范、译中行为规范和译后行为规范四个部分。

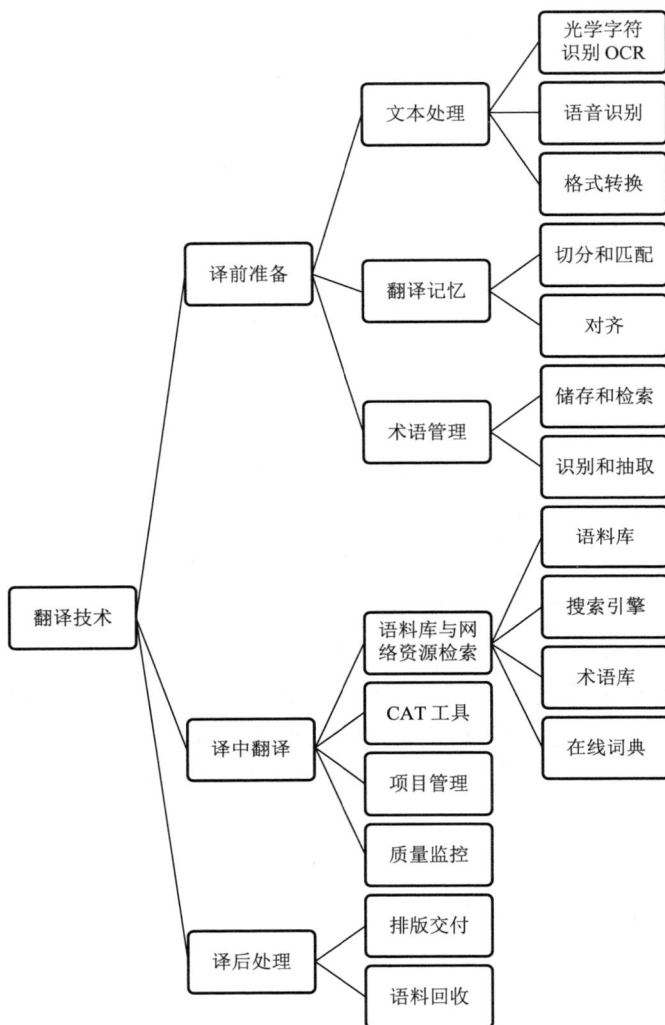

图 1-2　翻译技术

二、译者信息能力

1. 解决信息问题的能力

解决信息问题的流程可分为信息需求识别、检索信息确定、信息获取、信息
评估与信息使用这五个阶段。相对应的解决信息问题的能力包括识别信息需

求能力、确定与获取信息能力、评估与使用信息能力等。

（1）识别信息需求能力

在信息意识的指导下，译者比对自己原有的翻译知识和经验，识别信息需求，或称为发现翻译问题，例如对科技领域的某一英文文本的语言不理解的问题。

（2）确定与获取信息能力

译者明确翻译问题，确定检索内容并可以有效获取信息。译者可以使用各类检索工具在众多信息中检索对自己有帮助的信息，即知道何处检索以及如何检索，例如在中国知网 CNKI 中检索与原文相关的知识背景和专业领域术语。

（3）评估与使用信息能力

译者对检索结果进行评估，需要考虑信息的准确性、权威性、时效性等因素，选择可信度高的检索结果。最终译者可以将信息结果应用于翻译实践中，解决翻译问题。

2. 知识体系重构能力

知识体系重构能力是指译者能够通过主动的信息实践，获取信息解决问题的意识和思路，扩充各领域知识，重构自身的知识体系。在翻译实践中不断积累有关信息技术的知识，培养应用信息技术的能力，进而形成适合自己的信息技术思维和策略，不断完善翻译知识体系，最终形成终身学习的能力。

提升翻译人才的信息素养，符合新文科外语学科建设的新要求。外语学科与技术融合的发展方向符合哲学社会科学与科技革命和产业变革交叉融合的需求。译者信息素养框架要求翻译人才掌握信息素养的基础三要素与提升自身的信息解决问题能力，以应对翻译中的各种挑战，实现翻译职业生涯的可持续发展。

第三节　语言服务行业

随着经济全球化的发展，产品的多种语言翻译需求剧增，国内外很多以人工为主的传统翻译公司逐渐升级转型成为集语言、文化和技术为一体的语言服务提供商（language service provider，简称 LSP）。语言服务行业包括翻译、本地化、语言技术工具、语言教学与培训以及语言研究与咨询等多种语言服务，并成为全球化产业链的一个重要组成部分。根据国际著名语言行业调查机构 CSA

Research（前身为 Common Sense Advisory，简称 CSA）发布的 2019 年全球语言服务市场调查报告，2019 年全球语言服务外包市场规模达到 496 亿美元。在中国，根据中国翻译协会的行业报告，2021 年中国提供语言服务的企业有 423 547 家，以语言服务为主营业务的企业达 9 656 家，企业全年总产值为 554.48 亿元，在 2022 年中国语言服务行业产值增长至 650.05 亿元。

一、语言服务行业服务类型

新时代的语言服务行业与技术息息相关，其所提供的服务不仅仅是语言本身，而是在技术驱动下，服务类型趋向多元化发展，所涉及的服务类型依次为翻译、现场口译、机器翻译与译后编辑、翻译创作、会议口译、软件本地化、桌面出版、配音和字幕翻译、网站本地化、多媒体本地化、转写、电话口译、项目管理、国际测试与质量控制、游戏本地化、移动设备本地化、国际化与搜索引擎优化等。每一类型服务除了涉及语言方面的处理，还需要其他相关技术的支持。

二、语言服务行业组织结构

语言服务行业正逐步取代传统的翻译公司，其企业组织结构也比单一的翻译公司更为复杂，除了企业必有的市场部、销售部、客服部、财务部和行政部之外，与语言相关的部门有项目管理部、翻译部、审校部、排版部、技术部、语言资产部等。对于即将步入社会的翻译学习者来讲，如果具备了翻译技术的基础，除了可以考虑应聘翻译职位之外，还可以考虑其他部门的相关岗位。新入职员可以从实施层的各个岗位做起，随着经验能力的增加，可以上升至管理层级别。

三、语言服务行业对人才的需求

随着语言服务行业的蓬勃发展，对人才的需求量十分大，其中较为紧缺的职位有高级审议、项目经理、高级翻译和市场经理、技术工程师等职位。然而市场上翻译专业或语言相关专业的毕业生却出现供过于求的现象，这说明翻译学习者自身的素质与语言服务行业所需人才存在一定差异性。翻译学习者要想适应新时代的语言服务行业，需要了解其行业对从业人员的需求。这些需求可以概括为四个方面：语言、技术、管理和专业领域。语言就是传统意义上的有着扎实的外语与中文功底。不过只做到懂语言在语言服务行业领域是远远不够的，市场上的初级口笔译员供远远大于求，语言服务行业缺乏的就是懂技术、懂管理和懂专业的人才。这里的技术指的就是翻译技术,可以理解为所有与翻译有关的计算机技术,核心部分就是应用计算机辅助翻译软件,这也是进入语言服务行业的敲门砖。管理指的是项目管理概念,翻译项目经理需要同时处理多个翻译项目,这个职位也是语言服务行业人才紧缺的职位之一。专业领域指的是了解其他行业的专业知识。

四、语言服务行业翻译模式

随着科技的发展,语言服务行业翻译模式从使用计算机辅助翻译工具,到机器翻译＋译后编辑的翻译工作模式,到交互式人机合译平台,再到应用大语言模型中人工智能生成式工具处理翻译技术工作。图 1-3 展示了语言服务行业翻译模式的发展变化。

计算机辅助翻译 ➤ 机器翻译＋译后编辑 ➤ 交互式机器翻译 ➤ 大语言模型 AIGC 工具

图 1-3 语言服务行业翻译模式的发展简图

1. 计算机辅助翻译

计算机辅助翻译的历史可以追溯到 20 世纪 90 年代,瑞士公司 STAR 推出了第一款计算机辅助翻译软件 Transit,译员可以在翻译软件的辅助下开展翻译工作,随后市场上多款计算机辅助翻译工具相继涌现,如 SDL Trados、Déjà Vu、Wordfast、MemoQ。从狭义上来讲,计算机辅助翻译技术以翻译记忆为核心,应用计算机的存储功能,将大量双语或多语言的数据以对齐的方式存储起来,生成翻译记忆文件,再插入到计算机辅助翻译软件中,帮助译者提示相似或相同的翻译,提高翻译效率与保证翻译质量。

2. 机器翻译＋译后编辑

从最早的基于规则的技术,到统计机器翻译,再到神经网络机器翻译,机器翻译技术不断进步,但对于翻译质量来讲,仍达不到预期结果,于是催生了基于机器翻译的人工译后编辑模式。

3. 交互式机器翻译

近年来,随着人工智能技术和大数据的融合性发展,交互式机器翻译（interactive machine translation,简称 IMT）技术得到发展,如甲骨易公司开发的

LanguageX 翻译平台和腾讯研发的 TranSmart 平台,结合机器的深度学习,系统将译员的每一次输入作为反馈进行"学习",根据译员已经翻译的部分自动预测即将翻译的内容,属于在线自适应技术(online adaptation)。

4. 大语言模型 AIGC 工具

目前,最流行的大语言模型下的人工智能生成式工具,不仅可以进行语言的智能生成,而且可以进行机器翻译,并且可以根据指令进一步修改其翻译结果或完成翻译项目的其他类工作,如进行术语提取、生成双语术语词表。

思政价值

本书构建了翻译技术课程思政体系五大模块,分别是家国情怀、国际视野、社会责任、科学精神与职业素养,如图 1-4 所示,每个模块下面包含多个子模块。

本章的思政价值主要围绕"职业素养"模块,阐述信息化时代中,信息素养对于译者职业能力的重要性,并从信息素养框架出发分析了提升译者信息能力的途径。同时,本章介绍了翻译行业的演变、语言服务行业特点及其各部门人员角色,拓宽了学生对于语言类职业的视野,让学生对翻译行业的职业要求有了更深入的认识。"外语＋技术"与"外语＋管理"既符合新文科跨学科方向,又是语言服务企业对于人才的要求。学习本章,可以了解翻译行业职场实际情况以及对于人才的需求方向,引导学生在毕业前做好职业道路规划。

本章探索翻译技术课程的思政教学,打造思政教学四维度体系,将教学内容、教学方法、教学手段与教学评价与课程思政紧密结合。在教学内容方面,挖掘思政元素,将翻译技术知识与思政元素紧密连接,培养学生的核心价值观;在教学方法方面,以 POA 为教学设计框架,以"学生为中心"为教学理念,强调各教学环节的设计是以学生为培养主体,重产出导向,充分发挥学生的主观能动性,培养学生终身学习的习惯;在教学手段方面,以技术赋能智慧教学,包括在线翻译平台的应用,打造高效课堂,培养学生利用现代技术解决问题的思维能力;在教学评价方面,加入思政元素作为翻译任务产出的评价标准,建立思政评价体系,并进行有效的教学反馈与教学反思,如图 1-5 所示。

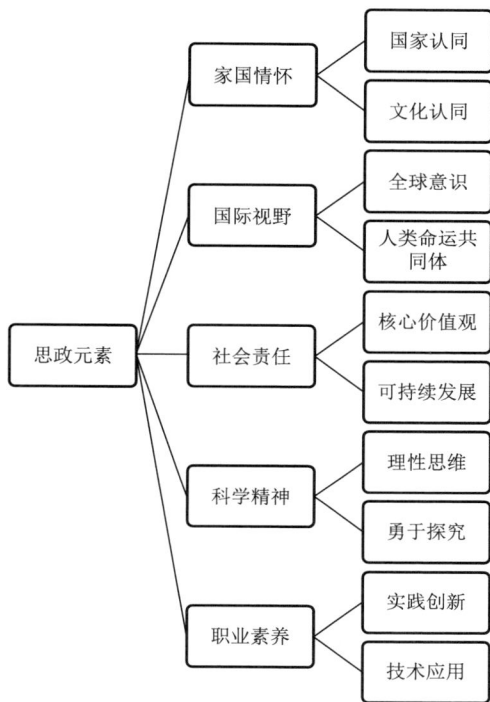

图 1-4　翻译技术课程思政元素

图 1-5　翻译技术课程思政教学四维度

本章思考题

1. 问卷:请评估目前你的信息素养水平(1 为最弱,5 为最强)。

第一题:在翻译实践过程中,你认为自己具备哪种信息意识级别,请给自己打分(1～5 分)。

第二题:在翻译实践过程中,你认为自己具备哪种信息技术级别,请给自己打分(1～5 分)。

第三题：在翻译实践过程中，你认为自己具备什么信息伦理级别，请给自己打分(1～5分)。

第四题：在翻译实践过程中，你认为自己解决信息问题能力的级别如何，请给自己打分(1～5分)。

第五题：在翻译实践过程中，你认为自己对知识体系重构能力的级别如何，请给自己打分(1～5分)。

2. 请结合译者的信息意识部分，分享你的课外翻译实践经历，回答以下三个问题。

第一题：思考自身的语言基础与翻译任务所需的语言知识是否匹配。

第二题：是否了解翻译任务的专业领域学科知识。

第三题：是否可以使用翻译任务中所需要的计算机辅助翻译工具。

若没有相关经历，请参考译国译民公司的公众号——"书匠译人"，选择一本图书试译招募，回答上述三个问题来分析自己作为译者的信息意识。

3. 请结合信息问题解决的五个步骤，即信息需求识别、检索信息确定、信息获取、信息评估和信息使用，来思考并实践解决翻译问题。翻译指示牌"请走侧门"。

4. 请思考今后你想在语言服务行业中扮演什么角色，并谈谈原因。

5. 请谈谈机器翻译与计算机辅助翻译有什么区别。

第二章

翻译记忆

导　语

当译者长时间翻译某一领域文章时,经常会遇见自己曾经翻译过的相似句子或是段落。他也许会去翻找自己曾经的译文。这些译文有可能是夹在文件夹中的纸质稿,也有可能是存在电脑某处的电子文件。可以想象一下,他要花多长时间找到呢?如果译者使用了翻译记忆系统,之前做过的翻译就可以储存在其中,这样译者便可以一边做翻译任务,一边利用曾经翻译过的片段,而不再需要放下正在做的翻译任务,去寻找曾经翻译过的文稿,极大节约了时间,提高了翻译工作效率。本章借助 SDL Trados Studio 2021 工具介绍翻译记忆的具体工作原理,展示如何建立翻译记忆库和使用翻译记忆库,分析什么样的文稿类型适合使用翻译记忆库。

第一节　翻译记忆原理

翻译记忆(translation memory,简称 TM)是计算机辅助翻译的核心技术之一。Browker(2002)定义翻译记忆是用来储存原文和译文的语言数据库。译者在使用计算机辅助翻译软件进行翻译工作时,翻译的内容会自动存储在翻译记忆库中。当译者再次翻译相同或类似的句子或段落时,系统就会自动向译者提供以前翻译的结果。翻译记忆库既可以应用在当前正在进行的翻译任务上,也可以重复应用在之后的翻译任务上。译者可以根据翻译任务的需要决定采用、舍弃或重新翻译重复出现的文本。这就是翻译记忆库的基本工作流程。在翻译记忆技术支持下,译员能够提高工作效率和翻译质量,降低翻译时间和翻译成本。下面让我们看看翻译记忆工作的具体原理——切分与匹配。

一、切分(segmentation)

翻译记忆系统首先要对所存储的文本进行单元切分。通常来讲,一个单元为一个句子,那么翻译系统是如何识别这些句子单元的?句子的标志通常是用一些标点符号表示的,如句号、问号、感叹号,那么一个单元切分就可以划在这些表示句子单位的标点符号之后,而像冒号、分号、破折号这样的标点符号,在不同情况下,系统句子切分不同,可以后期由人工来处理。在英文或是其他印欧语系中,点号"."有时出现在缩写词后面,例如"Dr.""Co.",这样的点号并不会被切分,"Dr. Levine"与之后的成分并没有被切分。

另外,在 CAT 软件同时导入原文和译文时进行对齐操作,有时切分之后的源语言句子与目标语言的句子并无法一一对应,有时源语言的一个句子对应两三个目标语言句子,有时源语言的两三个句子只对应一个句子。这种情况下,需要人工进行干预处理。

二、匹配(match)

翻译记忆将切分好的句子与源语言的数据库进行匹配。最常见的匹配类型有四种:精确匹配(exact matches)、完全匹配(full matches)、模糊匹配(fuzzy matches)和术语匹配(term matches)。

1. 精确匹配

精确匹配又称为百分之百匹配,无论在语言文本上还是格式上,如标点符号、大小写、拼写、时态、语态、单复数乃至字体、字号,都需要完全一致。表 2-1 是待翻译的原文与翻译记忆库没有精确匹配的例子。

表 2-1　非精确匹配

拼写不同	Translation Memory: The school free-meal program is an attempt.
	New Source Text: The school free-meal programme is an attempt.
标点不同	Translation Memory: The Seller's approval must be obtained beforehand, and all the additional premiums shall be for the Buyers' account.
	New Source Text: The Seller's approval must be obtained beforehand and all the additional premiums shall be for the Buyers' account.

续表

数字不同	Translation Memory: Initial payment of <u>10%</u> of the contracted price on award of the contract.
	New Source Text: Initial payment of <u>15%</u> of the contracted price on award of the contract.
字体不同	Translation Memory: <u>Click Ctrl + F1</u>.
	New Source Text: <u>Click Ctrl + F*1*</u>.

是不是待译的文本与翻译记忆库匹配度越高越好呢？有时并非如此。有些原文即使达到 100％精确匹配，也不一定就可以完全按照翻译记忆库提供的译文翻译，请看以下案例：

翻译记忆库的英文句段：

原文：He has a company.

译文：他有一个公司。

待翻译的原文：He has a company. She is a young model.

尽管原文与翻译记忆库匹配度接近 100％，句子是一样的，"He has a company. "，但根据第二句话"She is a young model. "（她是一位年轻的模特），这里的"company"就不能按照翻译记忆库预翻译成"公司"，而要翻译成"同伴"。

2. 完全匹配

完全匹配是指所检索的待译句子与储存在翻译记忆库的句子单元，除了一些可变元素不同，如时间、数字、日期、机构名称，其他的句子成分为 100％匹配。在译"完全匹配"类型的文本时，比如经贸合同或是法律文件等类型的文本，只需要改变这些可变元素，而不需要改变匹配句中其他片段的译文。

翻译记忆库的原文句段：Quality as per Sample <u>No. 100</u> and Technical Features Indicated in the Illustrations Submitted by Seller.

待翻译的原文：Quality as per Sample <u>No. 304</u> and Technical Features Indicated in the Illustrations Submitted by Seller.

上面部分翻译记忆库中的片段数字编号是"100"，而待翻译的原文数字编号是"340"，句子的匹配度达 97％，除了数字编号这个可变元素不同外，其余部分都可以不变。因此，译者可以根据翻译记忆库生成的译文，改变其中的数字即可。

3. 模糊匹配

上述两种匹配类型，在实际翻译任务中出现的频率并不高，而译者最常见的是模糊匹配。模糊匹配是指翻译记忆库检索的句子与待译句子相似度较高，有部分可以匹配，不能匹配的部分不是可变元素，这种匹配也可称为"部分匹配"（partial matches）。

翻译记忆库的英文文本：To be covered by the Buyers/Sellers for the full invoice value plus 10% against all risks.

待翻译的原文：In a CIF contrast, insurance is to be covered by the Sellers for the full invoice value plus 10% against all risks and war risks.

待翻译的原文片段与翻译记忆库的匹配度为 81%，属于模糊匹配，译者可以根据翻译记忆库生成的翻译稍加改动。

译文：在 CIF 合同下，保险由卖方按发票金额加成 10% 投保一切险及战争险。

模糊匹配的相似度可以从 1% 到 99%，译者可以自己在计算机辅助翻译软件中设置翻译记忆库模糊匹配的灵敏度，也称为阈值（threshold）。不过需要注意的是，阈值设置得太高或是太低都不利于译者翻译。如阈值设置过高，翻译记忆库中的句子能与待译文本匹配的句子就会过少，翻译记忆库也就失去了意义；如果阈值设置过低，匹配的结果是多了，但同时也增加了译者的工作负担。阈值通常设置为 60%～70% 为合适（Browker，2002），当然译者也可以根据自己的翻译习惯与经验来设定。

4. 术语匹配

术语匹配，实际上是术语库范畴，在第三章术语管理中做详细讲解。译者在翻译某一专业领域文本时，在计算机辅助翻译软件中插入此行业的术语库，可以帮助译者提高翻译准确性与一致性。从翻译记忆库的角度来说，当要翻译的句子中连模糊匹配都不存在时，至少翻译记忆库可以提示译者，再去术语层面上寻找是否有术语的匹配。

第二节　翻译记忆库

一名译员在接到翻译任务时，如果客户提供了相应的翻译记忆库，他便可以利用此翻译记忆库提高翻译效率。但在现实的翻译行业任务中，没有提供翻译记忆库的情况也是十分普遍的。由于商业原因，翻译记忆库也不是免费取得的，即使译者可以从其他渠道分享到一些翻译记忆库，但并不一定适用于某一翻译文稿或翻译项目。所以，想要使用翻译记忆库，译者需要自己建立翻译记忆库。

那么建立什么样的翻译记忆库呢？是不是翻译记忆库越大，包含内容越多越好呢？如果一个翻译记忆库过大，检索出来的结果就会过多，反而不利于译者选择一个合适的译文。所以，在大多数情况下，译者应该根据不同领域，建立独立的翻译记忆库。

下面将介绍翻译记忆库建立的操作过程。这里以 SDL Trados Studio 2021 为例讲解一下新建翻译记忆库的具体操作。

一、新建翻译记忆库

1. 新建翻译记忆库

运行 Trados Studio 2021 软件，单击"文件">"新建">"翻译记忆库"，之后进入新建翻译记忆库向导。

2. 填写翻译记忆库信息

在空格处填写名称和说明，选择文件储存的位置以及设置源语言和目标语言，然后单击"下一步"，之后的设置页面如果没有修改，单击"下一步"，然后单击"完成"。

此时，一个新的翻译记忆库就建成了，不过这个翻译记忆库是空白的，如何向翻译记忆库添加翻译语料呢？有两种添加翻译记忆的方法：译中储存与对齐操作。本节先详细讲解第一种方法以及具体操作。

二、译中储存

译者在使用计算机辅助翻译软件进行翻译任务过程中，每翻译一个切分单元，所翻译的原文和相匹配的译文都将不断地自动储存在当前的翻译记忆库里，这种建立翻译记忆库的方法称为译中储存。下面以翻译单一文档为例，讲解译中储存的具体步骤：

1. 翻译单个文档

运行 SDL Trados Studio 2021 软件，单击"文件">"打开">"翻译单个文档"，之后加载文档。文档类型应是 SDL Trados Studio 2021 可打开格式，如 Word 或可读 PDF 等常见文档格式。如果是其他文件格式需要先将其转换成此软件可读格式。

2. 设置语言和选择翻译记忆库

根据翻译文本设置源语言和目标语言,之后选择翻译记忆库,如果之前没有创建翻译记忆库或是要创建一个新的翻译记忆库,单击"创建",填写翻译记忆库的名称,然后单击"完成"。之后勾选刚创建的翻译记忆库,或者添加已建成的翻译记忆库,单击"添加",选择已建成的翻译记忆库,然后单击"确定"。

3. 翻译编辑

进入翻译界面,单击译文下方的句段,开始翻译,当完成句段翻译时,若要确认该句段翻译,请按"Ctrl + Enter"或在编辑器视图下主页选项卡中句段操作组中按"确认"。该句段显示✐。此时,译文便自动添加至翻译记忆库中。

当完成整个文本的翻译时,此时该文本的双语语料便储存在当时加载的翻译记忆库中。当结束翻译时,单击"批任务",选择"生成目标翻译",之后单击"下一步"便可以生成译文文件。

第三节　对齐处理

译者可以随着翻译文稿的增多,不断扩大翻译记忆库。如果译者想要在开始翻译任务前就建立相关翻译记忆库呢?这就需要进行对齐处理。对齐处理(alignment)指的是译者将自己或他人已经翻译好的原文和译文导入翻译记忆系统中,其对齐功能将会自动完成源语言和目标语言单元匹配,生成翻译记忆库,供其之后翻译相关领域文稿。对齐的原理为两种语言对等翻译时,字符或词语计算长度是近似相同的,比如英语字符与汉语的比例约为3:1;英语词语与汉语的比例约为1.6:1,当设定源语言和目标语言之后,对齐功能将按此比例自动工作。

一、SDL Trados Studio 2021 对齐文档

1. 运行 SDL Trados Studio 2021 软件

在"欢迎"界面,单击"对齐文档">"对齐单一文件对",之后进入对齐文档向导界面。

2. 选择翻译记忆库

单击"添加"选择已建成的翻译记忆库,当对齐处理后就可以将对齐语料添加至该翻译记忆库中,或单击"创建"建一个新的翻译记忆库,创建的方法与创建新的翻译记忆库相同。之后加载原文与译文文件,需要注意原文和译文是可以导入的文件格式,如上述提到的 Word、PDF 等常见文档格式。单击"完成",系统开始自动对齐处理。

3. 对齐线说明

自动对齐后句段以虚线表示,绿色表示对齐的准确率较高,红色表示准确率低,对于比较理想的对齐结果,可以从开始向下逐句检查,对于不需要改动的句子单击功能界面上部的"确认",连接线会变成绿色实线。

4. 编辑对齐结果

当自动对齐出现问题时,需要选中原文和译文,然后在功能界面上单击"断开连接"。如果自动对齐后多处有问题,可以单击"全部断开"。断开之后,还可以将原文或译文的句段进行切分,将光标移至要切分的位置,然后单击右键,在下拉菜单中单击"分割句段",然后再单击"连接"。

5. 将对齐结果加入翻译记忆库

单击功能界面的"导入翻译记忆库",如果已经人工确认过对齐结果,选择"快速导入"即可。

二、ABBYY Aligner

ABBYY Aligner 是 ABBYY 公司推出的一款对齐文本功能的软件,对齐结果为 TMX 格式和 RTF 两种格式。下面为对齐具体操作:

1. 启动 ABBYY Aligner 软件

设置源语言与目标语言,加载对齐文件,然后单击工具栏上的"Align"(对齐),系统会自动对齐处理。

2. 检查处理需要调整的对齐句段

可以在系统自动检测之后,人工再次检查确认。系统自动检测有问题的句段会有高亮提示,使用工具栏上的"Next Error"(下一个错误)或者"Previous Error"(上一个错误)按钮,查看高亮的句段。导航的同时,高亮消失,单击

"Check Alignment"（检查对齐），再次显示高亮句段。对于有拼写问题的单词，会以红色下画波浪线标示，在错误单词上单击右键，可以显示拼写建议。

3. 编辑对齐结果

在菜单栏中的"Actions"（操作）下，进行编辑。拆分操作：将光标置于需要拆分的位置，单击工具栏中的"Split Fragment"（拆分句段），或使用快捷键"Ctrl + Enter"进行拆分。

4. 合并操作

在译文区选中需要合并的句段，单击工具栏上的"Merge"（合并），就完成了句段的合并。

5. 删除句段

在合并之后，会出现空白句段，如第六句段，可以选中第六句段的原文和译文，单击工具栏中的"Delete"（删除），该句段就删除了。

6. 上移与下移操作

当进行一些操作后导致原文与译文匹配相差行时，单击工具栏的"Up"（上移）或"Down"（下移）。

7. 交叉对齐操作

选中需要对齐的句段，单击工具栏上的"Mark"（标记），再单击工具栏上的"Match"（匹配），两个句段就匹配上了。

8. 导出对齐结果

单击工具栏"Export to TMX"（导出到 TMX 文件），或单击菜单栏中的"File" > "Export to TMX"，将对齐结果导出为翻译记忆库交换格式文件。

9. 多文件批量对齐

单击"File" > "New Aligner Batch"（新建批量对齐），进入批量对齐界面，设置对齐语言，单击"Add Files"（添加文件），批量添加源语言和目标语言文件，检查对齐结果。

第四节　翻译记忆库使用

当译者已经建立好翻译记忆库后，就可以在计算机辅助翻译软件下使用翻译记忆库。但需要注意的是,CAT 软件生成的翻译记忆库格式并不相同,如 SDL Trados Studio 的翻译记忆库格式为". sdltm"。为促进翻译记忆文件的数据交换,出现了翻译记忆交换标准(TMX)。TMX 标准不受特定计算机辅助翻译工具的束缚,并且可以为公司的语言资产保值。翻译记忆库的使用分为两种方式:译中模式与批量模式。

一、译中模式

译中模式与译中储存建立翻译记忆库的原理相同。译者应用计算机辅助翻译软件翻译每个单元时,翻译记忆系统便自动将原文和译文片段存到翻译记忆库中。当遇到重复的片段,翻译记忆库就会提示译者之前所做的翻译。在同一个翻译项目中,多位译者共享同一个翻译记忆库,当一位译者遇到其他译者已经翻译的片段时,系统也会提示该译者可以根据当前语境选择接受、修改或是不采纳之前的翻译。

二、批量模式

批量模式可称为预翻译(pre-translation),是指翻译记忆系统将所要翻译的原文进行批量匹配检索处理,当翻译记忆库与原文匹配度到达一定数值时,译文将自动生成在译文区。新建翻译项目时可以设置预翻译的匹配率,预翻译设置的最低匹配值为 75%,意味着能够达到与翻译记忆匹配度 75% 及以上的那些原文片段,可以自动生成译文。设置操作步骤,在翻译编辑的界面下,单击"项目设置",然后找到批处理,选择"预翻译文件"。

批量模式与译中模式的不同在于译者一开始就将原文交给翻译记忆系统进行整体处理,系统将自动生成可以匹配上的译文,之后译者再开始一条一条检查所生成的译文是否正确。

三、翻译记忆库编辑

1. 打开翻译记忆库

选择界面左侧的"翻译记忆库",进入翻译记忆库编辑界面。然后点击"打开",选择"打开翻译记忆库"。

2. 对翻译记忆库的条目进行编辑

直接修改原文和译文句段,或者可以删除某一句段。单击右键,选择"将翻译单元标记为删除"。删除后,也可以再选择"放弃翻译单元更改"。

3. 翻译记忆库保存更改

完成后单击上方"提交更改",选择"提交更改并重新应用搜索"。

4. 翻译记忆库导出

单击上方"导出",之后选择导出的路径。请注意这里导出的文件格式为".tmx"格式,该格式为翻译记忆库交换标准。

四、翻译记忆库权限设置

为了翻译记忆库安全性,可以对翻译记忆库设置访问权限,可以设置管理员密码、维护密码、译员密码和访客密码。管理员密码是管理者对翻译记忆库拥有完全权限,既可以查看,也可以修改、删除;维护密码是维护者可以打开、查看、编辑翻译库中的条目,并且可以批量编辑和删除条目,但不能执行翻译记忆库的导入和导出操作;译员密码是译员可以打开查看整个翻译记忆库,可以对单条翻译库的内容进行编辑或删除,也可以将新条目添加至翻译记忆库中;访客密码是访客只能查看翻译记忆条目和设置,不能对翻译记忆库进行任何修改。

在设置翻译记忆库权限时,在翻译记忆库界面上,在上方的位置单击"设置"。在设置密码时,单击"访问权限",可以设置"管理员密码""维护密码""译员密码"以及"访客密码"等,填写密码后单击"确定"。

五、翻译记忆库适用文稿类型

虽然翻译记忆库可以提高译者工作效率,但并不是所有的文稿类型都适合使用翻译记忆库,那么什么类型的文稿适合使用翻译记忆库呢?

1. 大量重复内容

如果一篇文稿内部存在大量重复内容,译者再次翻译相同或相近片段时,翻译记忆系统将会提示译者之前的翻译,并且重复的内容越多,翻译记忆系统越可以帮助译者节省时间,提高效率。通常来说,像工程技术类、科技类和法律类的文章,其内部会出现比较多的重复内容,适合应用翻译记忆系统;而文学类和广告宣传类的文稿中重复的内容比较少,翻译记忆系统在辅助翻译时发挥作用相对较小。

2. 修订版本

如果要求翻译的原文是之前已经译过文本的修订版本,例如,一份产品使用手册的修订版与之前的版本可能只有20%的不同,那么使用批量模式预翻译将会帮助译者完成80%的工作,译者只需要专注于剩余20%的翻译就可以了。除了产品使用手册,还有双语网站或多语言商品网页等,也是经常修改更新,这里便可以使用翻译记忆快速完成。

3. 更新版本

这里的更新版本与上面提到的修订版本含义是不同的,但原理相同。这里的更新版本是指在未完成一项翻译任务时,客户便对原文提出了更改,此时,译者需要随之改变译文。如果没有翻译记忆系统的帮助,译者首先需要对照原文的每一处更新,找出需要重新翻译的片段,比如使用微软 Word 软件的查找功能,一个一个来搜索;有了翻译记忆系统的提示,译者便可以知道需要改变或是重新翻译的片段,极大地提高了工作效率。这意味着译者不需要等待原文的最后版本确定下来,在初稿阶段便可以开始翻译工作。随着全球市场竞争愈发激烈,很多产品都是同时发布多种语言版本,如果公司等源语言的最后版本确定再给译者翻译,那么时间将会十分紧迫,相应的其他语言版本也可能因此滞后发行。所以,才需要借助翻译记忆系统,译者每次只修改更新部分即可。

思政价值

本章的思政价值体现在"家国情怀"与"科学精神"两个模块。在"家国情怀"思政元素模块中,培养学生的国家认同感和文化认同感。国家认同感体现为国家意识,国情历史,国民身份认同,国家主权及捍卫国家尊严和利益。文化自信包括对中华民族的优秀文明成果的了解,对中华优秀传统文化和社会主义先进文化的传播和弘扬;中国共产党的历史和光荣传统,热爱党、拥护党的意识和行动;社会主义核心价值观,共同富裕,中国特色社会主义共同理想,中华民族伟大复兴中国梦。在课堂教学建立翻译记忆库时,选用对齐文本内容侧重于课程思政,如党的二十大报告、党的理论著作或者中华传统文化资料。

布置作业请学生使用 SDL Trados Studio 2021 软件的对齐文档功能,将1 000 字左右的《习近平谈治国理政》第三卷中英对照节选文本储存在一个新的翻译记忆库中,通过分析文本的语言,向学生讲述该文本内容的重要意义。

《习近平谈治国理政》第三卷生动记录了党的十九大以来以习近平同志为核心的党中央，着眼中华民族伟大复兴的战略全局和世界百年未有之大变局，不忘初心、牢记使命，统揽伟大斗争、伟大工程、伟大事业、伟大梦想，团结带领全党全国各族人民推动党和国家各项事业取得新的重大进展的伟大实践，集中展示了马克思主义中国化的最新成果，充分体现了我们党为推动构建人类命运共同体贡献的智慧方案，是全面系统反映习近平新时代中国特色社会主义思想的权威著作。学生在掌握计算机辅助翻译工具对齐操作基本技巧的同时，学深悟透原著原文原理，充分认识到《习近平谈治国理政》中所蕴含的丰富而深刻的求学治学、创新创业、做人做事的大方向、大道理、大智慧。

在"科学精神"思政元素模块中，将科学家精神融入思政教学，体现了新时代人才培养的重要指导方向。人无精神则不立，国无精神则不强。我国在科技上取得的举世瞩目的成就，正是科学家们发挥崇高的精神品质，奋力拼搏的结果。弘扬与传承科学家精神是高校育人的价值遵循。在此模块中，培养学生的理性思维与勇于探究的精神。理性思维是指尊重事实和证据，有实证意识和严谨的求知态度，并且能运用科学的思维方式认识事物、解决问题。勇于探究精神体现在好奇心和想象力，大胆尝试，积极寻求有效的问题解决方法。在使用翻译技术工具时培养学生认真严谨的态度，并引导学生对比两款"对齐功能"的工具，从工具的界面设计、操作流程、对齐效果、用户体验等不同方面进行比较，培养学生批评性思维，激发学生对于新事物勇于探究的精神。

本章思考题

1. 翻译记忆系统的工作原理是什么？

2. 翻译记忆的匹配类型有哪些？请分别举例说明。

3. 请使用 SDL Trados Studio 2021 软件的对齐文档功能，将 1 000 字左右的《习近平谈治国理政》第三卷中英对照的文本储存在一个新的翻译记忆库中。

4. 请使用 SDL Trados Studio 2021 软件和 ABBYY Aligner 对齐工具，将 1 000 字左右的"红色党史故事"中英对照文本进行对齐，并比较两种软件的差异。

5. 请使用 SDL Trados Studio 2021 软件翻译单个文档，加载已建好的"红色党史故事"翻译记忆库,原文选择"红色党史故事"中文版,体验翻译记忆库在翻译编辑中的功能,并生成译文。

6. 请使用 ABBYY Aligner 对齐工具完成对齐一篇 1 000 字的中医文化的中英文本,并形成".tmx"格式的翻译记忆库。

第三章
术语管理

导　语

　　随着经济全球化的发展,产品的多语种开发势不可当,企业对翻译术语一致性的要求很高,如果在产品文档翻译过程中出现术语不一致的情况,那么之后开发的用户说明书、网站介绍、产品宣传等都会因此受到严重的影响。因此,翻译项目中使用术语管理是十分必要的。术语管理是计算机辅助翻译的另一个主要功能,它不仅可以帮助译者个体在翻译一篇文本时保证术语的一致性,也可以在翻译项目上通过共享术语库,帮助多位译者保证项目内所有术语的一致性,同时降低审校人员工作的压力。

第一节　术语概述

　　随着不同语言文化的交流、新概念的产生,各个领域的术语也在不断增加,术语是专业知识跨语言、跨文化传播的重要载体。本节主要从术语的定义、特性、分类以及术语标准化等方面进行介绍。

一、术语的定义

　　钱多秀(2011)定义术语是在特定学科领域用来表示概念称谓的集合。术语在现代科学知识中的作用是巨大的,知识的成功跨语传播有赖于术语的正确跨语传达。

二、术语的特性

《GB/T 10112-1999 术语工作原则与方法》提出了术语的特性。

1. 单名单义性

在创立新术语时应先检查有无同义词,选择能较好满足后续的其他要求的术语。

2. 顾名思义性

顾名思义性又称透明性,术语应能准确扼要地表达定义的要旨。

3. 简明性

在信息交流中简明扼要,以提高效率。

4. 派生性

派生性又称产能性,术语应便于构词,基本术语越简短,构词能力越强。

5. 稳定性

已经约定促成的术语,即便使用频率高,不宜轻易变更。

6. 合乎本族语言习惯

术语要适合本族语言用字遣词,不要引起歧义。

三、术语的分类

术语可以从三个角度来归类区分。

1. 根据术语的组成角度来区分

（1）单词型术语(single-word terms),又称简单术语,是指由一个单词构成的术语,其中的单词不能再分解为更小的具有独立含义的单元,如"汞""经济"。

（2）词组型术语(multi-word terms),又称复杂术语,是指由两个或更多单词或语素按照一定语法或语义结构组成的术语。其中组成元素可能是单词型术语,也可能是语素或普通词汇,如"信息安全法""人工智能"。

2. 根据术语与专业领域之间的关联以及使用范围之间的差异

（1）纯术语:纯术语一般只限于专业内的研究人员使用,使用范围有限,其术语专业性最强,如"乙酰吉他霉素"。

（2）一般术语：一般术语是各领域中的基本术语，其专业性不如纯术语那么强，如"流感"。

（3）准术语：准术语的专业性最弱，与人们日常生活的普通词汇融合在一起，如"金属"。

3. 根据专业领域进行区分

不同的专业领域，如工科、理科、医科、管理、经济，表 3-1 为具体专业领域的词汇例子。

表 3-1　专业领域术语示例

专业领域	英文	中文
土木工程	geosynthetics	土工合成材料
冶金工业	decarbonization	脱碳
临床医学	hyperthyroidism	甲状腺亢进

四、术语标准化

术语标准化旨在消除术语混乱的现象，促进学科交流和知识传播。有诸多非政府的国际组织致力于术语与语言资源的国际标准化建设。术语标准化工作反映了一个国家社会知识积累和科学进步的程度。国际术语组织有国际标准化组织（ISO）、国际术语信息中心（INFOTERM）、国际电工委员会（IEC）等。国内于 1985 年在中国标准化委员会下成立全国术语标准化技术委员会（CNCTST），开展国家术语标准的制定与研究工作，目前更名为全国科技名词委（CNTERM）。该组织负责我国科学技术名词规范化工作，组织科学技术各学科的名词审定、公布与协调、推广应用等，其术语知识服务平台为"术语在线"（termonline. cn）。

第二节　术语库及术语库制作

术语库是为了有效利用和管理术语而建成的术语数据库，如上面提到的许多国际组织和政府机构都建立了大型的术语库，如联合国的 UNTERM，欧盟的 EuroTermbank，以及国内的"中国特色话语对外翻译标准化术语库"。下面我们来具体学习术语库的定义、术语库结构以及术语库制作实践的案例。

一、术语库的概念及分类

1. 术语库的概念

按照规定的原则以电子数据的形式大量存储起来,形成了术语数据库(terminological database),也可简称为术语库(term base)。术语库是一种语言文化的集合,对于专业领域规范化发展十分重要。

2. 术语库分类

根据《GB/T 13725-2019 术语工作原则与方法》,术语库可分为四类,具体如下。

(1)面向概念的术语库,突出概念体系的合理性与层次性,并包括概念的严格定义,且定义具有权威性的术语库。

(2)面向翻译的术语库,根据需要包含两种或两种以上语言的术语对应词,含有较多的语言学信息的术语库,如词性、语境和用例。

(3)面向特定目标的术语库,为满足各种特定目标要求而建立的术语库,如知识库系统、机器翻译系统。

(4)其他特殊用途的术语库,根据实际需要而建立设计的术语库。

二、术语库条目结构

1. 术语库条目

术语库条目是承载术语数据的基本单元。面向翻译的术语库中一个典型的术语库条目至少应包含一个术语、与该术语对应的多种语言的译文以及有关整个条目和单个术语库的说明信息。常见的术语库字段包括:

(1)索引字段——记录条目中不同语种的术语,每个索引对应一种术语语言。

(2)说明性字段——说明和描述整个条目或单个术语的相关信息。

(3)条目类字段——指定条目所属的条目类。

(4)系统字段——由系统创建和维护,用于储存条目整体或单个字段的跟踪信息,如条目编号、创建日期、创建人、修改日期。

2. 术语条目结构

在计算机辅助翻译工具中创建术语库,首先需要定义术语条目结构。术语条目结构包含三个层级。

（1）条目层：条目层包含系统字段以及应用整个条目的其他说明性字段。

（2）索引层：索引层也可以称为语言层，包含了多语言术语内容的索引字段。

（3）术语层：术语层用于描述术语的说明性字段，如术语的定义、缩略形式等信息，有的还可以是图片、视频等多媒体信息。

在术语库制作的过程中，译者可以根据实际情况设计术语条目结构。

三、术语库制作实践

SDL MultiTerm Desktop 2021 是一款独立的桌面术语储存和管理工具平台，可与 SDL Trados Studio 配合使用，以确保词汇表和特定术语质量，提高总体翻译质量和效率。下面以近 10 年的政府工作报告术语表为实例，讲解如何使用 SDL MultiTerm Desktop 2021 制作术语库。

1. 整理术语表

首先要将术语条目收集储存在 Microsoft Excel 表格文件中，文件格式后缀为 ". xlsx"，表格中 A 和 B 列为语言字段，C 列为说明性字段。请注意第一横行是列标题字段，必须用英文描述语言的种类以及说明性字段，在第一横行中，A 列填写 "Chinese"，B 列填写 "English"，C 列填写 "Type"。

此外，需要对术语表内的术语条目进行认真核对，确认一个词条只储存一条，确认所有的双语词条的拼写以及翻译的准确性等。

2. 格式转换

由于 SDL MultiTerm Desktop 2021 不支持 Microsoft Excel 格式直接导入，因此需要利用 SDL MultiTerm Desktop 2021 自带的 SDL MultiTerm Convert，将术语数据从 Microsoft Excel 格式转化为 MultiTerm XML 格式，再导入 SDL MultiTerm 术语软件中。具体操作如下。

（1）安装 SDL MultiTerm Convert 程序。右键单击 SDL MultiTerm 2021 Desktop 图标，选择文件所在的位置，找到 SDL MultiTerm Convert 的安装程序，然后双击执行安装。

（2）在欢迎界面下，单击"下一步"。

（3）在弹出的"转换会话"对话框中选择"新建转换会话"（一般为默认选项）。勾选"保存转换回话"则可将本次转换过程保存至相应位置。

（4）在新对话框中选择"Microsoft Excel"格式，如果需要转换术语库标准格式的文件,则选择"TermBase eXchange"格式。然后单击"下一步"。

（5）在"浏览"选项卡中选择要转换的文件。之后自动生成输出文件、术语库定义文件、日志文件的存储路径。储存路径也可以手动更改。

（6）单击下一步,之前建成的 Excel 文档的首行 3 列标题,显示在左侧的"可用列标题字段"下,例如"English""Chinese""Type"。注意如果没有上述的标题,需要检查最初建成的 Excel 表格中的列没有连续,或者被合并成多列,这样都是有问题的。然后单击选中"English",将右侧对应的"语言字段"选项设置为相应的"English";再单击选中"Chinese",将右侧对应的"语言字段"选项设置为相应的"Chinese"。"Type"设置为右侧第二列的"说明性字段",选择"Type"。

（7）单击下一步,在弹出的对话框中确认转换汇总信息是否有误,无误则单击下一步;若存在错误则后退进行修改。

（8）转换术语数据成功后,单击"下一步"和"完成",生成".xdt"".xml"".log"三个文件。

3. 导入术语数据

（1）打开 SDL MultiTerm 2021 Desktop 软件,单击"文件">"新建">"创建术语库"。给新的术语库命名,选择存储路径,然后单击"下一步"。

（2）选择"载入术语库定义文件",即 SDL MultiTerm Convert 转换生成的".xdt"格式文件。如之后的步骤没有调整,可以按默认设定,依次单击"下一步",之后单击"完成"。此时,该术语库的框架已经建成,但没有术语数据信息,下面的操作为添加".xml"术语数据文件。

（3）在主页界面的左侧下方单击"术语库管理",然后单击"导入",右键单击第一项,选择"处理"。

（4）在导入向导设置中,单击"浏览",加载 SDL MultiTerm 2021 Convert 转换生成的".xml"格式的文件,并勾选"快速导入",单击"下一步",等待显示处理结果。导入成功之后会显示导入的术语条目数量。

如果想查看该术语库的具体条目,可以在"视图"打开"浏览"窗口,便可以查看每一条术语。

4. Glossary Converter

Glossary Converter 可以帮助译者将存有术语的".xls"".cvs"等格式文档直接转换为 SDL Trados Studio 可以使用的术语库格式".sdltb"文档,使用起来较为便捷。

（1）准备待转文档。

（2）设置 Glossary Converter。打开 Glossary Converter 软件，单击"settings"（设置）。设置输入格式和输出格式。在"Convert this input"下拉菜单选择输入格式，例如"Excel 2007 Workbook"，在"into this output"下拉菜单选择输出格式，例如"MultiTerm Termbase"格式，即".sdltb"格式文件。然后添加这个设置，单击"Add"。如不需要这个格式转换的设置，则可以删除，单击"Delete"。

（3）语言设置。单击左侧导航栏的"Fields"，查看语言设置。第一次设置完成之后，再次打开软件不需要操作设置，如果之后需要更改再进行设置。

（4）格式转换。将准备的文档拖入界面左下方的"in"框中，便自动开始转换。转换结束后，生成".sdltb"格式文档，此文档 SDL MultiTerm 和 SDL Trados 软件都可使用，此外还生成四个附属文档，格式分别为".mdf"和".mtf"的中文和英文文档。

第三节　术语管理系统

术语管理是计算机辅助翻译的另一个主要功能，它不仅可以帮助译者个体在翻译一篇文本时保证术语的一致性，也可以在翻译项目上通过共享术语库，帮助多位译者保证项目内所有术语的一致性，同时降低审校人员工作的压力。

一、术语管理概念

在《术语管理手册》一书中，术语管理被定义为：任何对术语信息的深思熟虑的加工。术语管理是为了满足某种目的对术语资源进行管理的实践活动，通常包括术语的收集、描述、处理、储存、编辑、搜索、维护和分享等。通过工具对术语进行有效系统的管理能够确保术语的统一性，降低内部沟通成本，保持文风一致，减少重复劳动等，从而提高翻译质量和效率。术语管理系统（terminology management system，简称 TMS）是用来负责术语库收集、获取、维护术语等管理活动的软件工具。

二、术语管理工具

术语管理系统可分为三类：第一类是管理术语数据的系统；第二类是独立

的术语管理系统;第三类为计算机辅助翻译工具中的术语模块。表 3-2 为术语管理系统分类下的软件工具。其中的第一类为微软的 Excel、Access 等表单类办公软件,译者可以使用其数据表格储存术语,方便导入到其他术语管理工具中;第二类为独立的术语管理软件,SDL MultiTerm 是译员们比较常用的术语软件,此款软件生成的术语库可以加载在 SDL Trados Studio 使用;第三类是计算机辅助翻译软件术语模块。

表 3-2　术语管理系统分类的代表软件工具

术语管理系统分类	软件名称
管理术语数据	Excel、Access
独立术语管理系统	SDL MultiTerm、Termstar、Lingo、Anylexic、语帆术语宝
计算机辅助翻译工具中的术语模块	Déjà Vu、MemoQ、Wordfast、Across、Heartsome、火云译客、雅信、雪人

三、术语管理功能及操作

译者在翻译项目时插入相关领域的术语库,这样术语管理系统可以在翻译过程中自动识别原文本与术语库相匹配的术语,提示译者术语库的翻译,提高翻译效率,并且译者在翻译的同时还可以向术语库添加或修改术语数据信息。如果在翻译前没有可以应用的术语库,译者可以利用术语管理系统抽取出原文本术语,利用检索功能对其确认与翻译,形成此项目的术语库文件,这样就可以在翻译过程中识别术语,保证译文术语的准确性与一致性。术语管理系统的基本功能包括储存、检索、识别、抽取等。下面将分别以术语管理软件为例介绍这些功能。

1. 储存(storage)

储存功能是术语管理中最基本的一个功能,是指将与术语词条相关的信息录入并添加至术语库中的过程,确保术语无重复性、一致性、正确性、规范性与完整性。术语管理系统允许用户根据需要自行添加信息。下面是 SDL MultiTerm 2021 新建一个术语库以及逐条录入储存术语的具体操作。

(1)新建术语库。打开 SDL MultiTerm 2021 Desktop 软件,单击左上角的"文件"按钮。选择"新建">"创建术语库"。然后给该术语库命名和选择其保存位置。

（2）进入术语库向导,选择术语库定义。通常选择"重新创建新术语库定义"。然后单击"下一步"。"载入现有术语库定义文件"一项是用来加载在 SDL MultiTerm Convert 生成的术语库定义文件。

（3）命名术语库。在用户友好名称一栏中给该术语库命名,下面的说明和版权信息可不填,然后单击"下一步"。

（4）在索引字段界面语言下拉菜单中选择中文"Chinese",单击"添加",中文就被添加到索引字段中。可以去掉不需要的语言,例如选中德语"German",单击左侧"删除",德语就从索引字段的语言中去除了。然后单击"下一步"。如果后面的条目结构设置没有改动,就直接单击"下一步"。这样新建的术语库的基本设置就完成了。

（5）逐条添加或是在已有术语库基础上添加术语。在主页面的工具栏中单击"新加",然后出现英文和中文的添加框。双击方框,便可添加术语词条。添加之后,单击右键,选择"保存",此术语词条就添加进术语库中了。

（6）如果要导出术语文件,在主页面上单击"文件",然后选择"导入与导出"一项,单击"导出术语库"。在导出设置中单击"另存为",为导出文件命名和选择保存位置,单击"下一步",完成导出。导出的文件为". xml"格式以及日志文件". log"格式。术语库的文件". sdltb"也会自动保存在当初选择建库的位置。

2. 检索（retrieval）

检索功能可以帮助译者在已建立的术语库中查询术语信息。术语库的检索模式共有三种:精确匹配检索、模糊检索和通配符检索。在讲检索前,先说明一下浏览术语库的操作。

（1）浏览术语库。

单击 SDL MultiTerm 2021 软件可读取的术语库文件,单击"视图"＞"浏览",在术语库索引窗口,术语按照字母顺序依次显示,可以通过单击术语查看具体信息。

（2）精确匹配检索。

精确匹配检索要求所检索词条与术语库的词条完全一致。打开术语库后,单击"视图"＞"结果列表"。出现结果列表之后,在主页搜索框输入所要搜索的术语,选择"普通搜索",然后按搜索图标🔍,结果显示在结果列表窗口中,单击该术语,术语库条目窗口中会出现该术语信息。

（3）模糊检索。

模糊检索用于不确定术语的表达形式时使用。要求至少输入三个字符。在主页搜索框输入同样的术语，选择"模糊检索"，然后按搜索图标，与该术语相近的结果都显示在结果列表窗口中。

（4）通配符检索。

通配符检索用于确定术语部分信息时使用，通配符可以是星号等符号。其操作方法为输入带通配符的部分文本，其他字符以星号代替检索，如在搜索框输入"*law*"，选择"普通搜索"，然后按搜索图标，结果列表中显示所有包含"law"内容的术语。

3. 识别（recognition）

术语识别功能与词典查询过程相似，即当译者使用计算机辅助翻译软件进行翻译时，术语识别功能将待翻译的源语言词语与术语库的术语进行匹配，如果有相匹配的词语，系统便会提醒译者术语库的目标语言信息。

在 SDL Trados Studio 原文界面的片段如果有相匹配的术语，会以上方红线方式标注出。术语库功能区会提醒译者术语的翻译。

4. 抽取（extraction）

术语管理系统可以在文本中抽取术语，不过对于抽取结果仍需要人工最后确定其准确性。下面以语帆术语宝（LingoSail TermBox）在线术语管理工具为例，介绍术语抽取功能。语帆术语宝是一款在线术语管理工具，是用于帮助从事翻译工作的人员管理术语、检索术语、抽取术语、标注术语、采集术语、分享术语的。下面将讲解语帆术语宝抽取术语的操作。

（1）注册账号。登录语帆术语宝官网（http://termbox. lingosail. com），注册语帆术语宝账号。

（2）登录账号，打开单语提取页面，选择原文和译文的语种以及上传文件或者输入文本，注意这里输入的是单语的文本材料。

（3）提取设置，可以根据实际情况需要设置词频、限制词长、停用词表等。停用词表是指在信息检索中，为提高搜索效率，会自动过滤掉某些字或词，这些字或词被称为 Stop Words（停用词）。设置之后单击"提取"就可以完成术语提取。如果超过免费体验字符数，需要用户付费使用。

（4）进行结果筛选。点击"查看结果"，在勾选框中勾选需要的术语，第一列提示词频，第二列为提取的原文术语，第三列为参考译文术语，用户可以自己编辑不得当的地方。勾选需要的术语,然后单击"下一步"。

（5）全文预览,之后选择保存类型即可,可以下载为 CSV,或下载为 TBX 以及在线保存。

（6）填写标签名称,单击"提交",之后就可以下载相应格式的文件,完成提取。

第四节　术语库使用

SDL MultiTerm 2021 Desktop 可与 SDL Trados Studio 集成,用户在 SDL Trados Studio 环境中就可以启动术语库的功能。首先要在翻译文档中加载一个术语库,然后就可以在翻译的过程中向术语库添加术语。

在 SDL Trados Studio 2021 操作翻译单个文档,进入翻译编辑界面之后,单击加载术语库图标 ▢ ,进入术语库设置。按"添加">"基于文件的 MultiTerm 术语",加载所选术语库,完成之后,按"确定"。在新建翻译项目的向导设置中也可以添加术语库。

在翻译过程中添加术语,可在原文界面选中术语"labour market",单击右键,选择"添加新术语"。转到"术语库查看器"界面,同时界面中出现新添加的术语,双击该术语,进入编辑状态,然后单击保存图标"保存此条目"。

思政价值

本章的思政价值主要体现在"家国情怀"与"科学精神"两个模块。在"家国情怀"模块中,本章的课程思政重点是将党的二十大报告思政元素融入翻译技术课程中,加强学生对党的二十大报告精神的理解,了解新时代十年我国在政治、经济、文化、社会、生态文明方面取得的伟大成就,提高学生对中国特色社会主义的认同感与民族自豪感。本章作业布置学生收集党的二十大报告汉英双语术语,尤其关注学生对于关键术语的准确掌握,如"中国共产党成立一百周年"（the centenary of the Communist Party of China）、"新时代中国特色社会主义"（a new era of socialism with Chinese characteristics）、"全面建成小康社会"（building a moderately prosperous society in all respects）。百年大党历经百年奋斗,希望学生们能肩负起新时代、新征程的使命和任务,为实现中华民族伟大复兴的中国梦贡献自己的一份力量。

在"科学精神"思政元素模块中,培养学生乐学善学,拥有积极的学习态度和浓厚的学习兴趣,养成良好的学习习惯,掌握适合自身的学习方法,善于自主学习,具有终身学习的意识和能力。本章的教学中心是术语相关概念及术语管理。术语是专业知识跨语言、跨文化传播的重要载体。术语概念的学习可以帮助学生更好地掌握不同领域的专业术语特点,在翻译任务过程中,拓展其他学科的知识学习,重构自己的知识体系,形成终身学习的能力。同时,本章注重培养学生将信息技术运用到实践创新中的能力。术语管理是语言服务行业中的一项重要工作,本章的教学内容指导学生掌握术语管理技术,学会管理术语库以及建设术语库,还可以应用术语库开展创新性翻译研究等。此外,本章教学引导学生探索不同的术语管理工具,并比较其操作的异同,培养学生在实践中的辩证性思维以及运用技术解决问题的思维。

本章思考题

1. 请小组使用 Microsoft Excel 建成一个 100 条目的党的二十大报告术语数据文件,分别使用 SDL MultiTerm 2021 Desktop 和 Glossary Converter 将其转换成 SDL Trados 可使用的术语库文件,并简述操作流程。

2. 请使用 SDL MultiTerm 2021 Desktop 探索术语管理系统的储存与检索功能。

3. 请准备一篇医学领域的中英文本,并在线使用语帆术语宝抽取其中术语,形成(. tbx)格式的术语库文件。

4. 请探索语帆术语宝的其他功能。

5. 请选择两款其他的术语管理工具,并与 SDL MultiTerm 2021 Desktop 进行比较。

第四章

质量管理

导　语

在翻译走向产业化的今天,翻译活动已经逐步发展成为语言服务产业链中的一个环节,翻译质量的标准也逐渐从传统的以文本层面为主的主观评判变为由计算机辅助翻译软件保证质量的数据分析。翻译质量评估也不能只考虑译文的质量,还应从翻译服务的过程和结果做出多维度的考量。因此,翻译质量管理已经成为翻译任务流程的一个必要部分。

第一节　翻译质量概念与标准

一、翻译质量相关概念

传统评判翻译的标准有功能对等理论、目的论、"信达雅"等。但随着社会进步和技术发展,翻译质量不仅仅局限于译文的质量,翻译在现代语言服务企业中被看成一种产品,需要按照产品质量标准去衡量以及进行质量管理。

质量管理(quality management,简称 QM)是指按照质量标准与项目管理策略要求,通过质量保障、审查、改善等步骤提供达到预定标准的产品或服务的管理行为(PMI,2013)。国际质量管理知识体系拓展到翻译领域,形成了翻译质量管理。翻译质量管理还包括质量控制和质量保证。

质量控制(quality control,简称 QC)是指通过监视质量的形成过程,消除质量环节上所有阶段引起不合格或不满意的效果因素,重在控制过程。

质量保证（quality assurance，简称 QA）重在控制结果，采用各种质量技术确保产品的质量。QA 是 CAT 工具质量检查的功能之一。

语言质量保证（language quality assurance，简称 LQA）可以确保翻译的语言在目标语言使用环境中语法、格式的正确性以及术语和语言风格上的一致性等。

二、翻译质量影响因素

下面将分析影响翻译质量的四个因素。

1. 原文因素

从原文因素讲，原稿的质量会很大程度影响译文的质量。例如，如果原文出现词不达意、逻辑不清等方面的问题，将影响译者的准确理解以及翻译表达。

2. 译者因素

翻译是一种人类活动，译者的翻译水平是影响翻译质量的重要因素，包括译者双语掌握程度、对领域知识的理解程度、双语文化的敏感度，以及对译文受众群体理解和知识范围的预知能力等。

3. 技术因素

随着技术的日益发展，当今的翻译工作已经脱离了纸笔时代，大多数翻译工作都是依靠 CAT 工具完成的。翻译公司不论是使用主流的 CAT 工具，还是自主研发翻译工作平台，其技术的使用都会对翻译质量产生影响。

4. 管理因素

语言服务行业中大型的翻译项目基本都是团队共同完成。项目经理的管理工作尤为重要。就翻译流程而言，译前、译中、译后的三个阶段如果任何一个环节出现问题，都影响整个项目的进度。

三、国内外主要翻译质量规范或标准

为保证翻译质量规范化，国内外建立了多种质量规范标准或模型。下面介绍一些有代表性的质量标准。

1. 国际翻译服务流程标准 ISO 17100

ISO 17100 认证是由国际标准化组织颁布的国际翻译服务体系认证标准，其前身是欧洲标准化委员会于 2006 年发布并广泛执行的 EN 15038 欧洲语言服务标准,ISO 17100 在原有的 EN 15038 标准基础上对翻译服务不同维度上的具体要求做了进一步的优化和补充。作为全球语言服务行业的里程碑之一,ISO 17100:2015 标准自 2015 年起开始实行,也是全球范围内第一个针对翻译类服务的国际化标准。

该标准涵盖了可能对翻译质量产生影响的所有翻译流程,建立并定义了翻译公司的译员水平、技术能力与服务质量等标准,旨在保障消费者享受到最优质的翻译服务。ISO 17100 标准严格定义了翻译服务流程中各个必需的技术步骤以及相关的规定动作,确保客户需求遵循规范的处理流程。

翻译(translation):除了完成原文到译文的翻译外,也包括译员在此过程中对稿件的自查。

修订(revision):修订必须由译者以外的专业人员执行。在通过比对译文和原文的过程中,检查各类翻译问题并确认稿件是否符合既定用途。

评审(review):旨在评估译文对于输出目与领域的适配性,并给予修正意见。

审校(proofreading):在正式交付前按照规范要求检查和验证翻译质量。

终审与发布(final verification and release):根据项目要求做最后质检确认并发布。

与 EN 15038 相比,ISO 17100 标准还增加了关于交付后客户满意度与反馈的收集和处理流程,要求供应商对服务进行主动评估并通过改进优化提升服务质量,对客户利益做出更全面的保证。

在技术能力层面,标准要求服务供应商不仅能够具备专业的翻译工具与平台进行生产、质量保证和语言资产管理,还需要确保可以通过各类辅助软件进行数据的存储、交换和回溯,并为内外部信息数据沟通和查询提供必要的保证措施。

2.《翻译服务规范 第一部分:笔译》GB/T 19363.1—2008

《翻译服务规范 第一部分:笔译》GB/T 19363.1—2008 由中华人民共和国原国家质量监督检验检疫总局、中国国家标准化管理委员会于 2008 年 7 月发布,代替 GB/T 19363.1—2003 的版本,已经成为翻译服务行业的国标。

该标准对译文的准确性和完整性以及译后审核方面都做出了明确规定。

4.4.3.3 译稿

译文应完整,其内容和术语应当基本准确。原件的脚注、附件、表格、清单、报表和图表以及相应的文字都应翻译并完整地反映在译文中。不得误译、缺译、漏译、跳译,对翻译准确度把握不大的个别部分应加以注明。顾客特别约定的除外……

4.4.4.3 审核内容

审核工作应包括以下内容:

——译文是否完整;

——内容和术语是否准确,文字表述是否符合要求;

——语法和辞法是否正确,语言用法是否恰当;

——是否遵守与顾客商定的有关译文质量的协议;

——译者的注释是否恰当;

——译文的格式,标点,符号是否正确。

注:根据与顾客商定的译文用途决定审核的次数。

3.《翻译服务笔译服务要求》T/TAC 001—2016

《翻译服务笔译服务要求》T/TAC 001—2016 是中国翻译协会于 2016 年 12 月发布的第一个在我国翻译领域实施的管理标准。该标准规定了对笔译服务过程各个关键环节的具体要求,其宗旨是帮助笔译服务提供方有效控制其业务活动,保障其笔译服务的质量,从而保护笔译服务提供方与客户双方的利益。该标准引领国际标准 ISO 17100 在中国的等同采用,有利于中国的语言服务企业和世界同行接轨。

其中提到笔译员能力,供翻译学习者参考。

3.1.3 笔译员的专业能力

笔译员应具备以下能力:

笔译能力:根据 5.3.1 的规定,对源语言内容进行笔译的能力,包括在语言内容理解和生成过程中处理问题的能力;以及按照客户和笔译服务提供方所签协议与其他项目规范,交付目标语言内容的能力;

a)使用源语言和目标语言的语言文字处理能力:理解源语言、熟练使用目标语言,以及掌握文本类型惯例的一般或专业知识的能力,包括应用该知识以

完成笔译或生成其他目标语言内容的能力;

b）研究、信息获取和处理的能力:高效拓展必要的语言及专业知识的能力,以便更好地理解源语言内容,并翻译成目标语言。研究能力还要求拥有使用研究工具的经验,并具备制定恰当策略来有效利用现有信息资源的能力;

c）文化能力:运用符合源语言和目标语言文化特征的行为标准、最新术语、价值体系以及区域特性等相关信息的能力;

d）技术能力:利用技术资源,包括使用工具和信息技术(IT)系统支持整个笔译过程,来完成笔译过程中的各项技术任务的知识、本领和技能;

e）领域能力:理解以源语言生成的内容,并使用目标语言以适当的风格和术语予以再现的能力。

第二节　翻译质量控制

一、翻译质量控制流程

翻译质量控制流程可分为译前、译中、译后三个阶段。中国翻译协会标准发布的《译员职业道德准则与行为规范》T/TACX—2019 中,对译员的职业行为规范从译前、译中和译后做出了明确具体的规定。

5.2 译前行为规范

5.2.1 能力评估

a）译员应对翻译任务的难度、工作量、所需时间和技术工具,以及自身知识和能力做出合理判断,确定是否能够按照约定条件保质保量完成任务。

b）译员接受任务前应详细了解该任务对资质、语言、知识、技能等方面的要求,保证能力能胜任该项任务。译员应与客户商定具体工作任务及工作职责范围,应明确拒绝不合理的任务或超过自身承受能力的工作量,避免不相关事务对翻译工作及质量的影响。

5.2.2 时间保障

译员应保证为每一项翻译任务预留充足的准备时间;在接受相邻时间内多项任务时,应慎重考虑任务之间的时间间隔及工作量,避免时间冲突或准备不足。口译员及手语译员在同一天的同一时间段内只能接受一项翻译任务。

5.2.3 译前准备

a）接受翻译任务后,译员应做好译前准备,包括但不限于语言、知识、技能、话题、工具、服饰等方面的准备。

b）译员应主动与委托方保持良好沟通,了解其需求,及时获取相关信息和资料。

c）口译员及手语译员接受任务前应详细了解传译模式、语言组合、译员数量等,提前做好相应准备……

5.2.9 社会责任　若译员认为翻译内容将被用于非法或不正当目的,或将损害公共利益,应拒绝承接该项翻译任务。

5.3 译中行为规范

5.3.1 忠实准确

a）译员在翻译时应遵守"忠实准确"原则,即忠实于源语意图,准确传达源语信息;不宜对语言文字进行生硬机械的转换(法庭口译、心理诊疗口译等特殊情形除外)。

b）当源语信息不清楚或存疑时,如存在歧义、事实性错误、术语不准确、歧视性语言或不符合目标语文化习俗的措辞等问题时,在条件许可的情况下,译员可要求委托方进行解释、澄清或重新措辞等。

5.3.7 机辅／机器翻译操作　恰当使用技术。笔译员在使用翻译技术辅助翻译任务时,未经客户许可,不应将未经译后编辑等人工处理的机器翻译译文直接作为成品交付给客户。

5.4 译后行为规范

5.4.1 译后错误处理　若译员在将翻译成品交付委托方／用户后发现新的翻译错误,应及时联系委托方／用户予以更正。

二、翻译质量控制工具

在翻译中使用翻译质量控制技术和工具,将识别和分析翻译错误,确保翻译质量。从功能上看,质量控制工具一般分为三类:通用校对工具、计算机辅助翻译工具模块和专用翻译质控工具,见表4-1。

表 4-1　翻译质量控制工具分类

翻译质量控制工具分类	工具名称
通用校对工具	Microsoft Word"拼写和语法"检查、黑马校对 Grammar Anywhere、QuillBot
CAT 工具模块	SDL Trados、MemoQ、Déjà Vu、Transmate、雪人 CAT
专用翻译质控工具	ApSIC Xbench、QA Distiller、Error Spy

例如 QA Distiller 9.1.10,该工具可以验证以下错误类型:遗漏、不一致、格式、术语等。其中遗漏包括漏译、空译、跳译、部分翻译、翻译不完整等;不一致包括译文不一致、原文不一致、标签不一致等;格式包括标点符号、空格、乱码等;术语包括术语用法一致、检查禁用词等。

三、翻译质量控制具体内容

应用 CAT 工具进行翻译质量控制时,根据翻译流程的译前、译中和译后,分成如下具体工作内容,见表 4-2。

表 4-2　翻译质量控制的具体内容

翻译质量控制流程	具体内容
译前	提取术语、准备翻译记忆库与术语库、预翻译
译中	翻译、编辑、QA
译后	审校、格式转换、排版、测试

第三节　翻译质量保证

翻译质量保证在翻译项目中至关重要,这需要在交付译稿前进行 QA 检查。SDL Trados Studio 集成了质量检查功能模块,通过设置质量检查的选项,使系统执行质量检查。SDL Trados Studio 2021 的检查组件包括 QA Checker 3.0(质量保证检查)、Tag Vertifier(标签验证器)和术语验证器,可以检查译文漏译、数字、日期、标点错误、标签问题、术语不一致等一系列错误。下面重点讲解 QA Checker 3.0 的质量检查具体操作,包括其设置和 QA 验证。

一、QA Checker 3.0 设置

1. 打开 QA Checker 3.0

在"编辑器"视图下,单击"主页">"项目设置",在出现的项目设置对话框中单击"验证",单击"验证"前面的"＋"号,展开检查组件。单击每一项并结合项目具体要求,对其参数进行设置。

2. QA Checker 3.0 具体内容

QA Checker 3.0 检查分为以下几个区域:句段验证、要排除的句段、不一致、标点符号、单词列表、正则表达式、商标检查和长度验证。

(1)句段验证。检查句段的译文是否有漏译和空译;通过对比原文句段和译文句段,检查译文句段;检查译文句段是否使用禁用字符。

(2)要排除的句段。在质量检查时跳过以下设置的译文句段:如 perfect match 单元、完全匹配、低于指定百分比的模糊匹配、新翻译、重复翻译、已确认翻译、已锁定句段、与原文相同的译文句段。

(3)不一致。检查是否存在原文相同而译文不一致的翻译、检查译文中的重复词语、检查是否有未经编辑的模糊匹配等。

(4)标点符号。检查结尾的标点符号,如原文和译文的末尾标点有差别;译文多余的圆点和空格;译文大小写检查和括号使用检查。

(5)数字检查。检查译文中的数字、时间、日期、度量单位等是否符合原文。

(6)单词列表。译文中是否使用了不正确的单词,输入错误格式和正确格式的词语,单击"操作">"Add item",或者删除已添加的单词,选中该单词,单击"操作">"Remove item"。

(7)正则表达式。设置查找原文或译文中特定字符串格式所要使用的正则表达式。

(8)商标检查。检查译文中的商标字符使用是否正确。

(9)长度验证。检查译文长度限度,如是否长于字符数。

(10)QA Checker 配置文件。导入与导出设置。

二、QA Checker 3.0 验证

设置完成后,单击"确定"。在"编辑器"视图下,单击"审校">"质量保证",选择"验证",系统将按照设置自动对当前翻译的文档进行各项检查,并在

左上角窗口显示检查结果,译者可以逐条浏览检查结果。打开每条信息,系统将自动定位至问题所在的句段单元,并弹出问题描述的对话框。

第四节　翻译审校

翻译完成后,审校是另外一个保证译文质量不可缺少的流程。当翻译项目中第一个文档初译结束后,此文件进度条会显示完成进度为100%,接下来可以进入审校环节。

一、内部审校

内部审校需要审校人员使用 SDL Trados Stuido。

1.打开翻译文档与修订

审校人员直接双击打开".sdlxliff"格式的翻译文档,之后将自动启动 SDL Trados,单击上方工具栏中"审校"按钮,然后单击"跟踪修订",随后即可在初译文本上进行校对。审校人员可以直接对初译文本进行修改,对文字进行删除和添加。

2.查看修改标记类别

请参看选项中的具体审校细节。

3.添加备注

审校人员还可以单击右键在当前句段添加备注,添加备注后上方备注窗口内出现新的条目,便于查看,并且添加有备注的句段颜色高亮。

二、外部审校

如果审校人员不使用 SDL Trados,可以生成双语文档供外部审校人员校对。

1.导出审校文档

单击初译完成的文档,右键选择"批任务",然后选择"导出以进行双语审校",单击"下一步"。

2.命名与发送审校文件

在文件夹中生成命名为"***review.docx"的文件,将此文件发送给外部审校人员即可。注意请不要随意更改文件命名。

3. 外部审校

审校人员打开审校文档后可以直接在文档中进行校对。校对结束后将文档发回。译员在收到审校人员的审校稿后,可以选择接受或拒绝修订,定稿后进行文件签发。

4. 译者查看审校

单击"批任务",选择"从双语审校更新"。之后在向导页面中选择已审校文章,单击"完成",便可以在 SDL Trados Studio 2021 中的审校界面查看审校的具体建议。

思政价值

本章的思政价值主要体现在"社会责任"与"职业素养"两个模块。

在"社会责任"思政元素模块中,培养学生具备良好的社会责任感,行为规范符合社会主义核心价值观。本章通过翻译质量概念,向学生介绍国内外翻译行业服务规范标准与《译员职业道德准则与行为规范》,使学生了解社会职场中的契约精神、译稿质量标准与译员应具备的能力。译员应该对翻译任务的难度、工作量、所需时间和技术工具,以及自身知识和能力做出合理判断,确定是否能够按照约定条件保质保量完成任务。

在"职业素养"思政元素模块中,培养学生掌握语言服务行业的所需的各项职业能力。其中,翻译质量监控就是语言服务行业中的一项重要工作,学生需要掌握翻译质量监控工具的具体操作,包括 QA 流程、内部审校与外部审校等。现代译员要有合作的精神,翻译任务往往以项目的形式进行,由项目团队完成,包括项目经理、译员、审校和排版人员等。尤其在承接大型翻译任务时,需要团队成员互相合作,各司其职。

本章思考题

1. 本章节中提到的 QM、QC 和 QA 含义分别是什么?
2. 请回答翻译质量控制流程的具体工作有哪些。

3. 请结合《翻译服务笔译服务要求》，谈一谈笔译服务与质量相关的因素。

4. 请结合《译员职业道德准则与行为规范》，谈一谈翻译前应该做哪些工作以保证后续的翻译质量。

5. 请使用 SDL Traods Studio 2011 工具翻译一篇文章，并进行 QA 环节的验证操作，生成报告。

6. 请使用 SDL Traods Studio 2011 工具进行内部审校。

第五章
翻译项目管理

导　语

现代语言服务行业的业务都是以项目为单位,传统的小作坊式翻译活动远远不能满足企业的高效运行,将项目管理理念应用于翻译行业已经是必要条件。本章将首先介绍翻译项目管理的相关概念,然后分别介绍翻译项目管理流程的五个阶段——启动、计划、实施、控制和收尾,最后以 SDL Trados Studio 为例介绍项目经理处理翻译项目管理的过程与操作。

第一节　翻译项目管理概述

翻译项目管理(translation project management)是根据翻译项目的特征和要求,对翻译项目进行灵活有效管理的实践活动。翻译项目管理能力是语言服务行业的企业核心竞争力之一,其高低优劣直接决定着翻译项目的成败。

一、项目经理

高效的翻译项目管理需要翻译项目管理的实施主体,即翻译项目管理者,根据客户的要求和所承接翻译项目的具体特征,综合运用翻译知识、技能、方法和技术,有效配置人力资源,通过科学分析、严谨计划、有效实施和及时总结等各种手段提供符合客户、雇主和团队满意的项目成果。其中,项目经理(project manager,简称 PM)为项目管理者的核心代表。

翻译公司的项目经理需要具备以下能力。

1. 项目管理能力

项目经理需要具备项目管理知识和技能,包括项目计划制订、进度控制、风险管理、质量管理等。

2. 沟通能力

项目经理需要与客户和团队成员保持良好的沟通,清晰地表达项目目标和需求,并能够听取他人的意见和建议,协调各方面的资源,达成共识。

3. 组织协调能力

项目经理需要具备组织协调能力,能够合理分配资源,明确团队成员的角色和职责,确保项目各项工作有序进行。

4. 领导能力

项目经理需要具备一定的领导能力,能够带领团队成员,激发他们的积极性和创造力,推动项目顺利完成。

5. 学习能力

项目经理需要具备不断学习和更新的能力,了解行业最新趋势和发展,掌握相关的翻译技术和工具,提高自身的专业素养和综合能力。

6. 解决问题能力

在项目执行过程中,项目经理需要具备解决问题能力,能够及时发现和解决问题,采取有效的措施应对风险和挑战。

7. 团队合作能力

项目经理需要具备团队合作能力,与团队成员合作,共同完成项目任务,保持积极向上的团队氛围。

二、翻译项目管理流程

翻译项目管理流程共分为五个阶段:依次为启动阶段、计划阶段、实施阶段、控制阶段与收尾阶段,图5-1所示为各个阶段具体内容。下面将分别介绍翻译项目管理各个流程。

1. 启动阶段

对项目经理来说,翻译项目启动阶段的管理将决定后续的项目管理是否能

启动阶段	计划阶段	实施阶段	控制阶段	收尾阶段
质量目标	翻译任务分解	语言处理	进度监督	向客户提交
任务量计算	人员培训	桌面排版	任务跟踪	项目总分析
编制项目计划	准备术语库和翻译技记忆库		QA 控制	文档数据归档
准备所需资源				
确定项目成员				

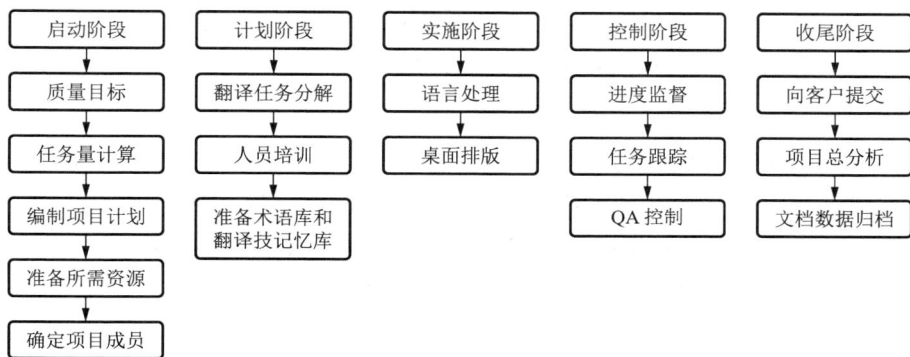

图 5-1　翻译项目管理流程各个阶段的内容

够顺利开展。项目经理在启动阶段的管理工作通常包括以下内容：

（1）对翻译质量目标的设定，即项目经理根据客户提出的具体要求设定翻译产品的质量标准；

（2）对项目总任务量进行计算，即项目经理通过预处理文件，获得字数统计、重复率分析、重复句段统计等信息，为下一步的具体项目计划做进度评估；

（3）编制项目计划，即根据项目分析结果制订出具体的项目进度表，包括中途稿件和终稿交付时间等；

（4）准备所需资源，即分析完成本项目需要具备何种技能的资源，需要调动多少资源才能在既定时间范围内完成本项目，以及具体所需各个资源何时可以到位，何时可以结束退出。

（5）确定项目成员，包括译员、审议、技术支持、资源管理人员等。

2. 计划阶段

当一个翻译项目正式启动后，便进入项目计划阶段管理。项目计划阶段分为翻译任务的分解、人员培训以及翻译记忆库与术语库的准备。

翻译任务分解是指项目经理经预翻译后将任务分配给相应的译员以及后期的审校。

人员培训是指项目经理对所有项目的参与人员进行统一的项目说明，对项目所规定的时间、质量要求进行详细解释，从而确保所有参与项目的人员能够做到对项目全貌系统了解，避免项目进程中出现标准不统一、进度参差不齐等状况。例如机床翻译项目，项目经理需要把机床资料委托方的要求（包含翻译质量以及译文排版格式等）、本次资料翻译主要负责人、项目规定进度统一说明,确保 7 个工作日内 20 000 字翻译资料保质保量地完成,实现效率的最大化。同时对于专业性的知识培训,可以请团队中的人员或者客户为团队讲解产品和技术知识。

翻译记忆库与术语库的准备要看客户是否提供参考的记忆库与术语库,如果没有提供,项目经理需要应用术语提取工具先抽取高频词,定义术语,以确保翻译术语的一致性。如果时间有限,可以在网络协同工作的环境下,要求译者每日上传术语,由高级译者统一编辑术语库数据。

3. 实施阶段

翻译项目实施阶段主要分为两大部分:语言处理与桌面印刷。

(1)语言处理部分也称为翻译编辑环节。首先项目经理分发译员文件;其次译员翻译编辑后返回给项目经理;项目经理将双语文件发送给审校员;审校员完成审校并就修改意见与译员达成一致;译员完成修改后,把双语文件发送给项目经理;项目经理生成译文完成项目。

(2)桌面排版是指由项目经理将译文终稿交给桌面排版人员负责,排版人员按照客户要求进行桌面排版之后再返回给项目经理。

4. 控制阶段

翻译项目控制阶段包括对进度监督、对任务跟踪以及译文质量保证。

在项目进程中,经常会有一些意外情况出现,从而造成项目延期、项目未达到合同所规定的质量和要求、项目成本超过预期等,而出现问题的原因多是项目正式开展后缺乏严格的进度监督与有效的任务跟踪。译文质量保证体现在项目经理以定期返还中途稿件的方式跟踪翻译质量,及时撤换不合格的译员。对于 1 周的项目,应该保证 1 天一回收稿件;对于 1 个月之内的项目,应该 3 天左右一回收稿件;对于 1 个月以上的项目可以适当调整时间,并对于良好的译员可放宽时间。有些产品还需要进行测试,以检验是否能按照客户要求正常运行。

5. 收尾阶段

项目收尾阶段管理包括向客户提交产品、对项目总分析以及进行最后的文档数据归档。

(1)向客户提交的产品要注意文件的完整性,并且文件夹结构需按要求方式组织。

（2）对项目总分析包括对项目过程的整体情况分析、成本的核算以及收集客户反馈意见等。

（3）对文档数据归档是指回收项目语料，备份项目文件，维护项目翻译记忆库与术语库等，为公司准备语言资产。

三、WBS 工作分解结构

工作分解结构，简称 WBS（work breakdown structure），是为了实现项目目标自上而下地把创造可交付成果所需要的工作逐层拆分，细化分解成较小、较易管理的工作包的过程。

通过创建 WBS，估算活动持续时间，估算每项工作所需资源，将活动顺序、持续时间、资源需求等信息进行汇总和整合，建立和制订带有具体计划日期的项目进度计划。

案例一：PDF 文件翻译 WBS

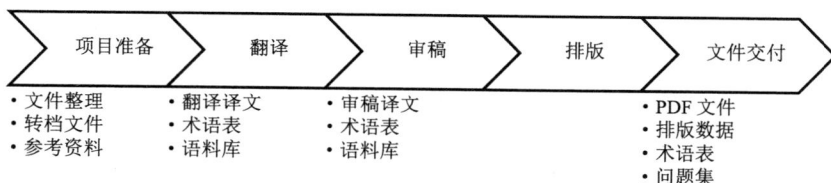

图 5-2　PDF 文件翻译 WBS

案例二：项目进度模型 WBS

假设一个翻译项目需要 7 天完成，下面为项目进度模型 WBS，如表 5-1 所示。

表 5-1　项目进度模型 WBS

ID	任务名称	开始时间	完成时间	持续时间
1	文件整理和转档	2023.7.10	2023.7.10	4 小时
2	资源准备	2023.7.10	2023.7.10	8 小时
3	翻译	2023.7.11	2023.7.13	24 小时
4	审校	2023.7.13	2023.7.14	16 小时
5	排版	2023.7.15	2023.7.15	8 小时
6	整理交付	2023.7.16	2023.7.16	8 小时

第二节　翻译项目管理案例

一、案例描述

翻译项目:机械设备安装手册。

翻译方向:中译英。

工作量:预计 10 万字。

时间:2023. 7. 10—2023. 7. 31。

格式:客户方提供电子稿。

说明:文件包含大量图片与表格,且表格与图片中文字均需要翻译。

预算:3 万元。

二、项目流程

1. 项目准备

项目准备分为分析项目、组建团队以及财务分析三个部分。

(1)分析项目:首先从项目历史入手,如是否做过机械设备手册类的项目,是否有相关术语库可以参考,是否之前和该客户合作过,以及了解客户偏好等。其次,分析项目难度,如时间限期较紧、专业难度高、文本类型多样化,且格式复杂、排版量大等。

(2)组建团队:项目负责人 1 人,负责该项目所有流程和人员任务分配与监管;术语组 2 人,负责前期术语整理和后期术语统一等工作,实际工作时间 4 天;排版组 1 人,负责翻译前期文件处理以及后期文件排版,实际工作 2 天;翻译组 4 人,实际工作时间 12 天(大概两周),其中包括修改审校提出的建议;审校组 2 人,译员工作的第 4 天进入,实际工作 4 天。

表 5-2　案例项目计划

ID	任务名称	工作时间	工作时间	备注
1	文件整理和转档	2023.7.10	4 小时	译前
2	术语准备	2023.7.10—2023.7.11	12 小时	译前
3	翻译	2023.7.11—2023.7.25	12 个工作日	译中 最后 1 天修改审校意见

ID	任务名称	工作时间	工作时间	备注
4	审校	2023.7.14；2023.7.19；2023.7.24	3 个工作日	译中
5	语料和术语整理	2023.7.26	8 小时	译后
6	排版	2023.7.27	8 小时	译后
7	整理交付	2023.7.28	8 小时	译后

（3）财务分析：项目总收入是 3 万，毛利率 40%，为 12 000 元。剩余 18 000 元用于该项目支出，具体安排如下：

译员：1 万元，100 元/千字

审校：5 000 元，50 元/千字

术语：800 元

排版：800 元

项目经理：1 000 元

其他：400 元

2. 项目翻译

（1）译员与审校：译员第一次是 3 天返稿交给审校员；后两次是 5 天返稿上交审校。

（2）中途交稿：第 10 天给客户交稿一次，根据客户要求调整。

（3）文件交付。

3. 项目归档与总结

（1）语料资源入库：如翻译记忆库、术语库录入。

（2）项目总结：包括项目所有计划安排、项目实施情况以及项目中的问题与解决方案等。

（3）财务审核：创建项目报价表并发给客户，向客户开具相应的发票，启动付款流程。

（4）客户满意度反馈表，如表 5-3 所示。1～5 程度打分：5：非常同意；4：较为同意；3：同意；2：反对；1：强烈反对。

表 5-3　客户满意度反馈表

公司信息	公司名称、项目负责人的联系信息等
A. 报价	1. 我在合理的时间收到了报价 2. 报价清晰且合理 3. 如有与报价相关的其他建议请注明
B. 期望	1. 翻译质量符合期望值 2. 排版质量符合期望值 3. 其他各项服务符合期望值
C. 项目管理	1. 该项目按照规定时间完成 2. 该项目时间表和实施策略清晰合理 3. 如有与项目管理相关的其他建议请注明
D. 客户服务	1. 答复询问与解决问题迅速且令人满意 2. 与我方联系人沟通顺利且态度良好 3. 如有与客户服务相关的其他建议请注明
E. 结论	如果有项目需要,贵公司将是我公司的首选

4. 风险分析

（1）客户方面。译前:订金交付;文件保密问题。译中:翻译质量反馈;如中途退出,违约金赔偿问题。译后:拖欠付款问题。

（2）团队内部:译员翻译质量问题,根据合同索要赔偿并及时更换译员;团队人员中途退出,根据合同索要赔偿并及时增补人员等。

第三节　翻译项目管理系统

翻译项目管理系统(translation management systems,简称 TMS)是一种集合了翻译和项目管理模块的系统。完整的翻译项目管理贯穿于译前、译中和译后三个阶段,如图 5-3 所示,其功能覆盖项目组成员管理、任务分配、术语管理、翻译记忆库管理以及翻译和质量监控等各个环节。国外代表性的翻译项目管理系统包括 Across Language Server、SDL World Server、XTM 等,国内代表性的翻译项目管理系统包括 Yicat、译马网、飞译等。

一、翻译项目管理系统的特点

翻译管理系统与传统的计算机辅助翻译工具相比,其功能更加丰富,可以实现多人在线协作翻译和审校,实现翻译任务的分配与翻译项目的有序进行,

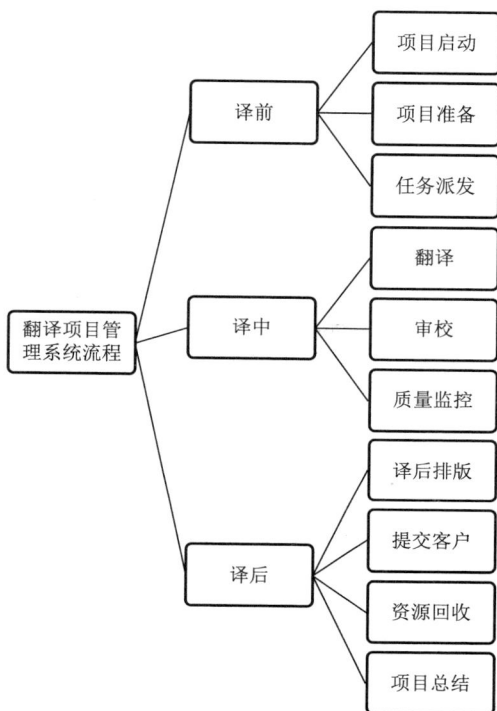

图 5-3　翻译项目管理系统流程

实时跟踪翻译进度,实时进行翻译质量的管控,实时利用相似的翻译并保持专有名词的翻译统一性,实时分享翻译例句,让团队的成员快速跟上资深翻译的水平。

随着科技的发展,翻译项目管理系统不断创新。第一,随着众包模式的兴起,很多翻译系统管理的提供商将众包模式与 TMS 管理系统相结合,解决质量控制的问题,适应时代的发展趋势。第二,基于云计算技术的现代语言服务行业,催生了云翻译技术,很多翻译供应商集成了以云计算的计算机辅助翻译和机器翻译为引擎的翻译管理平台,将云语言服务产业链整合,大幅度提升翻译效率。第三,随着人工智能的快速发展,翻译项目管理系统也将利用最新的 AI 功能实现翻译管理系统的不断优化。

二、SDL Trados Studio 2021 翻译项目管理操作

1.新建项目

(1)运行 SDL Trados Studio 2021,单击"文件">"新建">"新建本地

项目"。

（2）在创建新项目向导中，首先是默认"Default（新用户的默认项目模板）"或者使用之前已有的模板。然后，选择项目的源语言与目标语言。另外，设置项目名称以及选择保存位置路径。

（3）添加项目文件，单击项目文件中的第一个图标，添加原文的文件，完成后单击"下一步"。

（4）完善项目信息，填写项目说明，勾选是否允许编辑原文，编辑客户信息、到期日以及是否需要验证等。

（5）在翻译资源中，选择使用已有翻译记忆库，单击"使用"，添加建好的翻译记忆库，或者创建一个新的翻译记忆库。

（6）在术语库步骤中，选择使用已有术语库资源，单击"使用"，添加建好的术语库，或者创建一个空白的术语库。如果客户没有提供术语库，项目经理可以从文本中提取术语，创建术语库后再添加。

（7）之后操作如果没有需要填写的信息，可以直接点击"完成"，会提示"您的项目已成功准备就绪！"。

2. 项目报告

项目建好后，可以针对项目进行分析，形成报告，包括项目总字数、每个文档字数、模糊匹配率、新词数等。

（1）在右侧"项目"视图下，选择需要分析的项目，右键单击并选择"批任务"＞"分析文件"。

（2）根据提示分析完成报告后，在左侧导航栏中选择"报告"，之后就开始载入报告，然后就可以看见分析报告。

3. 项目分发

（1）单击菜单栏的"项目"，进入项目界面，单击右键，在弹出的菜单中选择"创建项目文件包"。

（2）选择文件，勾选项目包中的翻译文件，单击"下一步"。然后设置目标文件夹的保存路径，单击"下一步"。

（3）检查项目文件包。任务分配的操作为：单击"用户"，然后添加译员的联系方式，然后点击"确定"。

（4）如果需要发给审校，在"任务"的下拉菜单中选择"审校"，然后再分配至相关人员。

（5）完成相关设置后，点击"下一步"，然后显示"正在创建文件包"。如果需要查看文件包，可以点击"打开目标文件夹"，或者直接单击"关闭"。

4. 项目翻译

（1）译员接到文件包后，储存在某一位置，然后运行软件，单击"文件" > "打开" > "打开文件包"。按照所储存的位置，选中文件包，单击"打开"。

（2）在弹出的文件包对话框中，单击"完成"。文件包自动开始导入。导入完成后，单击"关闭"。

（3）译员双击文件，该文件会在编辑器视图中打开。翻译记忆库与术语库也同时加载在该项目。如果待翻译的原文与翻译记忆库有相匹配的句段，此部分软件已经自动预翻译，呈现在译文区。

（4）单击译文的句段，完成一个句段后，按"Ctrl + Enter"，跳到下一个句段，同时该句段的翻译已经储存至该项目翻译记忆库中。依次翻译直到完成整个文件的翻译。

（5）QA 环节。在"编辑器"视图下，单击"审校" > "质量保证"，选择"验证"，在左上角窗口显示检查结果，译者可以逐条浏览检查结果。

（6）完成后，返回到"项目"视图，右键单击需要返回的项目，选择"创建返回文件包"。将双语文件返还给项目经理。

5. 项目审校

（1）项目经理安排校对员审校。审校人员直接双击打开文档，双击会直接启动 SDL Trados 运行界面，单击上方工具栏中"审校"按钮，单击"跟踪修订"，随后即可在初译文本上进行校对。

（2）审校人员还可以选中当前译文句段，单击"添加备注"，在弹出的备注对话框中添加信息。

（3）校对员完成审校后返还项目经理，由项目经理再发送给译员修改。译员打开文件查看审校，可以选择"接受"或"拒绝"，完成修改之后把双语文件发送给项目经理。

6. 项目收尾

项目经理检查无误后，生成译文，交给排版进行处理。同时回收翻译记忆库以及术语库资源，至此翻译部分项目基本完成。

思政价值

本章的思政价值主要体现在"家国情怀"与"职业素养"两个模块。

在"家国情怀"思政元素模块中,在教学中布置"中华传统文化"主题的翻译项目,加强学生对中华传统文化的了解,提升学生的文化自信以及用英语"讲好中国故事"的国际传播能力。例如,教师借助"中华武术"英译的翻译项目,把"仁义礼智信忠勇"的尚武精神介绍给学生,引导学生在翻译武术文本时,体会学习武道的内涵精髓,培养忍耐、克己、友爱、担当、和谐的民族精神。

在"职业素养"思政元素模块中,本章介绍了翻译项目管理流程以及翻译项目中的不同角色,培养学生具备良好的团队意识与互助精神,强化自己工作的责任感以及职业中所需的团队合作能力、沟通协调能力,同时培养学生在翻译项目规划中对实际情况、资源等的分析能力与解决问题的能力等。

本章思考题

1. 你想做翻译项目管理中的哪个角色?这个角色需要哪些方面的能力?

2. 翻译项目管理的流程是什么?各个阶段涉及哪些内容?

3. 假设有一本介绍中华武术的书籍,大约 10 万字,需要在一个月内完成翻译,请以项目经理的角色制定一份 WBS。

4. 请以小组形式分配项目经理、译员、审校等角色,使用 SDL Trados 完成一个医学保健方面的翻译项目。

第六章

国外 CAT 工具

导　语

　　在科技融入各专业与各领域的时代，翻译领域熟练使用计算机辅助翻译工具已成为必备技能之一。在国外的众多 CAT 工具中，SDL Trados 是目前较为主流的一款机辅工具，也是目前翻译公司招聘中列出的一条需要求职者掌握的工具。除此之外，Déjà Vu、MemoQ 与 Wordfast 等几款机辅工具在市场中的保有量也较好，本章将介绍这四款工具的基本使用操作。

第一节　SDL Trados Studio

　　Trados 取自三个英文单词，"Translation" "Documentation" 和 "Software"，其中文名字是"塔多思"，经过 30 余年发展，Trados 仍是目前市场上的主流计算机辅助翻译工具之一。Trados Stduio 系列由 SDL 公司开发，目前已被 RWS 收购，在全球专业翻译领域占有领先的市场份额。RWS 作为全球首屈一指的由技术驱动的语言、内容管理和知识产权服务提供商，在全球专利翻译和国外专利申请以及生命科学和语言验证领域都有着出色的翻译方案。

　　SDL Trados Stduio 几乎每年都会推出新的版本，本书展示的是 SDL Trados Stduio 2021 软件版本。该软件搭建了一个适用于专业译员的完整平台，可以将编辑、审校、项目管理和术语库等结合起来。常用功能包括智能编辑、预翻译、翻译记忆库参考、术语库、集成机器翻译、实时预览、实时质量检查、快速建库等。SDL Trados Studio 2021 系统要求为 Windows 10，如使用 Mac OS 系统的电脑，需要安装双系统。下面将对界面进行基本介绍。

一、SDL Trados Studio 2021 软件界面

SDL Trados Studio 2021 主界面分为上方的菜单栏与工具栏、侧边导航栏和中间的主页，共三大区域。

1. 菜单栏

最顶端的菜单栏分别是"文件""主页""视图""附加功能"和"帮助"，单击每一个功能按键便可以查看具体的菜单。例如文件的菜单下面有"打开""保存""打印"和"设置"等，可以在"打开"菜单下快速翻译文档。

2. 导航面板

左侧下方的导航面板各选项卡具体功能如下：

（1）欢迎：主要包括新建项目、翻译单个文档、打开文件包、打开共享项目等。

（2）项目：主要用来管理翻译项目、查看项目信息、跟踪项目状态。

（3）编辑器：为译者提供文档翻译和校对的关键操作。

（4）翻译记忆库：可在此创建及管理翻译记忆库。

（5）打开翻译文件后，还可以加载另外两项：文件与报告。

（6）文件：可进行文件的翻译、审校和处理，还可以查看文件大小、字数及翻译进度。

（7）报告：主要查看项目报告，获得详细的翻译分析数据。

二、SDL Trados Studio 2021 软件视图

1. 欢迎视图

欢迎视图包括打开文件包、打开 Trados GroupShare 项目、Language Cloud 和 SDL Trados Live 等操作。

2. 项目视图

项目视图的上面部分为项目相关功能操作按钮，如新建项目、打开项目，中间部分的上部为项目列表，下部为项目详情。

3. 文件视图

双击选中的项目,进入文件视图,上部为文件列表,包括文件字数、当前状态、翻译进度等信息;下部分为文件详情、分析统计、确认统计信息、任务历史、文件属性等,可以通过单击其标签选择查看。

4. 报告视图

单击左侧栏中的"报告",进入报告视图,包括查看分析文件和预翻译两项,分析文件中包括所有文件的字数统计等信息。

5. 翻译编辑视图

双击项目中的文件,进入翻译编辑视图,最上面的为翻译功能按钮区;中间部分左侧为翻译记忆库,右侧为术语库;最下面为翻译工作区,左侧为原文,右侧为译文。

6. 翻译记忆库视图

SDL Trados Studio 2021 将翻译记忆库的编辑独立设置界面,以便查看翻译记忆库的内容。

三、翻译流程

1. 新建项目

(1)运行 SDL Trados Studio 2021,单击"文件">"新建">"新建本地项目"。

(2)在创建新项目向导中,首先是默认"Default(新用户的默认项目模板)"或者使用之前已有的模板。然后,选择项目的源语言与目标语言。另外,设置项目名称以及选择保存位置路径。

(3)添加项目文件,单击项目文件中的第一个图标,添加原文的文件,完成后单击"下一步"。

(4)完善项目信息。填写项目说明,勾选是否允许编辑原文,编辑客户信息、到期日以及是否需要验证等。

(5)在翻译资源中,选择使用已有翻译记忆库,单击"使用",添加建好的翻译记忆库,或者创建一个新的翻译记忆库。

(6)在术语库步骤中,选择使用已有术语库资源,单击"使用",添加建好的术语库;或者创建一个空白的术语库,单击"创建"。

（7）之后操作如果没有需要填写的信息，可以直接点击"完成"，会提示"您的项目已成功准备就绪！"。

2. 翻译编辑

项目建好之后，单击右侧导航栏的"文件"，双击项目中需要翻译的文件，进入翻译编辑窗口。

（1）确认翻译：当完成一个句段的翻译之后，需要点击"确认"。点击之后，状态栏将显示成与"确认"同样的图标。

（2）添加术语：选中译文中的术语，然后在原文术语那里单击右键，选择"添加术语"。添加之后，会显示所添加的术语。

（3）验证：点击最右侧的"验证"按钮，系统加载的 QA Checker 3.0 自动开启验证，然后就显示验证结果。

3. 审校

（1）翻译完成之后，进入审校环节，在上面导航栏中选择"审校"，进入审校页面。

（2）跟踪修订：点击"跟踪修订"按钮，选择"跟踪修订"，之后该部分会呈阴影状态。

（3）删除或者增加内容，会有修改的痕迹在。如果发现译文被直接删除了，有可能是该按钮没有选中。

（4）添加备注，选择要添加备注的句段，单击右键，选择"添加备注"，然后就可以输入备注的内容。

（5）接受或者拒绝更改。选中有审阅的句段，单击右键，选择"接受更改"或者"拒绝"更改。

4. 生成目标翻译

（1）重新"确认"。回到"主页"中，经过修改的句段需要重新"确认"。当所有句段检查无误，并且都"确认"后，再进行下一步。

（2）生成目标翻译。单击"批任务"，选择"生成目标翻译"。

（3）在批任务向导中，单击"完成"。然后单击"关闭"。之后提示"是否要打开包含文档的文件夹"，单击"是"。然后就可以查看目标翻译文件了，该目标翻译文档的排版与原文排版基本一致，这也是 SDL Trados 的特色之一，有较强的排版功能。

到此为止,SDL Trados 翻译项目的基础操作完成,如需了解其他功能,可以在导航栏中查看"帮助"。

第二节　Déjà Vu

Déjà Vu(http://www.atril.com)由 Atril Language Engineering 公司开发,运行平台为 Windows 系统。

一、Déjà Vu 基本介绍

最新版本产品有 Déjà Vu X3 Professional、Déjà Vu X3 Workgroup 和 TEAMserver。其中 Déjà Vu X3 Professional 是译员使用的版本,包含预翻译、术语管理和记忆库管理、质量检查和项目管理等功能。Déjà Vu 的特点为界面简洁清晰,并将文件浏览、术语和翻译记忆搜索集成在统一的翻译任务界面。

二、Déjà Vu 翻译流程

1. 创建项目

使用 Déjà Vu X3 软件进行翻译,首先需要创建项目,并且所有的翻译任务都需要在项目中进行,操作如下。

（1）打开 Déjà Vu X3 软件,单击菜单上"文件">"新建",然后单击"翻译项目项目">"项目"。

（2）按照新建项目向导的提示,单击"浏览",选择保存项目的文件夹位置,并给该项目命名,单击"保存",然后单击"下一步"。

（3）在列表里选择项目源语言,然后再选择目标语言,选择中文,然后单击"添加",选择好的目标语言就添加至右侧目标语言的框中了。如果想在项目中删除该语言,可以单击"删除",完成后单击"下一步"。

（4）添加翻译记忆库,完成后单击"下一步"。

（5）添加术语库,完成后单击"下一步"。

（6）设置客户以及译文领域,完成后单击"下一步"。

（7）添加待译文件,单击"添加",选择源语言文件,单击"打开",将文件添加至该项目中,完成后单击"下一步"。

（8）提示项目创建成功,单击"关闭"。

2. 创建翻译记忆库

创建翻译记忆库可以在创建项目时添加,也可以在创建项目之前创建翻译记忆库,操作如下。

(1)打开 Déjà Vu X3 软件,单击菜单上"文件">"新建",然后单击"翻译记忆库">"翻译记忆库"。

(2)单击"浏览",选择保存翻译记忆库的文件夹位置,并给该翻译记忆库命名,单击"关闭"。翻译记忆库就建成了,跳转到翻译记忆库界面中。

3. 创建术语库

创建术语库可以在创建项目时添加,也可以在创建项目之前创建库,操作如下。

(1)打开 Déjà Vu X3 软件,单击菜单上"文件">"新建",然后单击"术语库">"术语库"。

(2)单击"浏览",选择保存术语库的文件夹位置,并给该术语库命名,单击"下一步"。

(3)选择术语库模板,可选择"最小"格式,单击"关闭"。术语库就建成了,然后跳转到术语库界面中。

4. 预翻译与伪翻译

Déjà Vu X3 软件的预翻译功能是将源语言文本与所插入的翻译记忆库进行检索与匹配,预翻译会替换翻译记忆库中存有的片段,且自动替换数字和非译元素,供译者后期进一步翻译与编辑。操作如下:

(1)在"项目"视图下,选择"预翻译",弹出预翻译设置框。

(2)设置语言、文件、覆盖、匹配、质量保证等,可以选择按默认设置,单击"确定",系统开始自动预翻译,系统处理了所有与翻译记忆库匹配的翻译单元。

Déjà Vu X3 软件的伪翻译功能是将原文复制到译文区,模拟译后样式,以便查看原文存在的格式、排版、文字长度问题,其操作与预翻译相似。

5. 翻译编辑

Déjà Vu X3 软件的翻译界面是左侧为翻译区,右侧为术语库和翻译记忆库显示区域,翻译区的左边是原文,右边为译文。翻译具体操作如下。

(1)单击翻译区的第一个句子,将光标放置于目标文本的单元格中,输入翻译内容,然后按"Ctrl + ↓",移动至下一个句子,或单击右键,选择"完成",翻译的句子左侧出现符号,说明该句段翻译已完成,并且已经存储至插入的翻译记忆库中。

（2）如果原文本与翻译记忆库有相同的匹配句段或术语,右侧的术语库和翻译记忆库区域就会用红色显示,双击匹配信息框,译文将自动添加至目标区,或是使用快捷键"Ctrl＋匹配序号"（红色为匹配序号）,当前匹配序号为1,按"Ctrl＋1",就可以将译文直接添加至目标区。

（3）添加术语。如果要将术语添加至术语库中,首先选中原文与译文对应的术语,单击右键出现下拉菜单,选择"快速添加到术语库";或在"主页"界面下,使用工具栏中的"添加到术语库",或使用快捷键 F11 直接将术语添加至术语库中。

（4）对于切分不正确的句子,可以合并或者拆分。在"主页"界面下,单击工具栏中的"句段",将光标放置于需要修改的位置,选择"合并"或者"拆分",或者单击右键,在弹出的下拉菜单中,选择"合并"或者"拆分"。

（5）如果译员对某句段译文存在异议,可插入备注,在需要备注的句子上面单击右键,选择"添加备注",或使用快捷键"Ctrl＋M",在弹出的备注框中添加备注。备注完成后,在该句段显示图标,以便译者后期进一步修改。

6. 审校

译后质量保证译者可以针对不同选项选择"审校"工具栏的各个校对功能,如拼写检查、字数统计、检查术语、检查空格。

7. 生成译文

Déjà Vu X3 软件支持用户多种格式导出项目格式、文件格式、外部查看、打包项目等。下面为具体操作:选择"文件"＞"导出项目",在弹出的导出设置进行设置,选择导出的储存位置,设置导出语言和相关格式,单击"确定"。对于其他高级功能,请参看帮助进行深入学习。

第三节　MemoQ

MemoQ（http://www.memoq.com）由 Kilgray 公司开发,运行平台为Windows 系统,产品有 MemoQ server、MemoQ、Qterm、Tmrepository memoQ。其特点为可兼容 SDL Trados 等 CAT 软件生成的翻译文件,可加载欧盟术语库

Eurotermbank，并且应用 MemoQ server 实现小组协作翻译。下面讲解 MemoQ 软件的基本操作：

一、创建项目

（1）打开 MemoQ 软件，单击菜单上的"项目"＞"新建项目"。

（2）按照新建项目向导设置项目名称，设置源语言与目标语言，单击"下一步。

（3）选择待翻译文件，单击"导入"，系统开始自动导入文档，如"．txt"".doc/x"".ppt/x"".html"。

（4）创建或导入已有翻译记忆库。

（5）创建或导入已有术语库。单击"完成"，该项目就创建完成了。

（6）进入项目主页，左侧为导航栏，分为"overview""translations""liveDocs""translation memories""term bases""muses""settings"，共七项，可以双击分别查看：其中第一项为查看项目的相关信息，如进度、字数统计、任务分配、报告；第二项为翻译工作界面；第三项是在线文档语料库；第四项是翻译记忆库；第五项是术语库；第六项是翻译建议；第七项为设置，可以更改断句、质检设置、翻译记忆库设置等。

（7）在项目主页的"translations"（翻译）界面下，双击待翻译文档进入翻译编辑区。

二、预翻译

在正式开始翻译前，可以设置预翻译，在工具栏上单击预翻译按钮，选择精确翻译，系统将对与翻译记忆库精确匹配的原文进行翻译。

三、翻译编辑

MemoQ 软件的翻译界面中，左侧一列为原文，右侧一列为译文。翻译具体操作如下。

（1）翻译完一个单元后，按"Ctrl＋Enter"进行确认，将该翻译单元储存至翻译记忆库中，并转到下一句。绿色表示翻译已得到确认。

（2）添加术语。如果要将术语添加至术语库中，选中原文和译文中的术语，单击"add term"（添加术语）按钮，弹出创建术语词条对话，按确定"OK"，该词条就成功添加了。

（3）对于切分不正确的句子，可以合并或者拆分。将光标放置于需要修改的位置，在工具栏选择"合并"或者"拆分"，或者单击右键，在弹出的下拉菜单中，选择"合并句段"或者"拆分句段"。

四、质量检查

翻译完成后，在菜单栏"操作"下，选择"运行质保程序"。在弹出的质保窗口，选择文档或者翻译记忆库，单击"确定"，之后系统自动生成报告。

五、导出译文

MemoQ 软件支持导出单语和双语的文档，单击"项目"＞"导出当前活动文本"。如果是导出双语文档，选择导出双语的格式，之后单击"导出"。

第四节　Wordfast

Wordfast（https://www.wordfast.com）创立于法国巴黎，是一款开放性的翻译记忆软件，可以在 Windows、Mac OS 和 Linux 系统下运行。其版本包括专业 CAT 工具 Wordfast Pro 版本，可以加载在 Microsoft Office Word 上使用的 Wordfast Classic 版本，提供免费使用的网络平台 Wordfast Anywhere 版本以及 Wordfast Server 服务器版本。下面将介绍 Wordfast Pro 4 软件的基本操作。

一、创建项目

（1）打开 Wordfast Pro 4 软件，单击菜单上的"Project"（项目）＞"create project"（创建项目）＞"use the simple project creator"（创建简单项目）。

（2）按照向导设置项目名称，设置"source language"（源语言）与"Target language"（目标语言），单击"add files"（添加文件），加载原文，如果没有翻译记忆库，选择"create new"（创建新的翻译记忆库），单击"Finish"（结束）。

二、项目分析

Wordfast 软件分析可获得文件字数与重复率等信息，预翻译功能可将与翻译记忆完全匹配的单元进行自动翻译，并生产 TXML 格式文件，操作如下。

（1）在"project files"（项目文件）界面下，单击"analyze project"（分析项目）。

（2）设置分析报告选项，包括预翻译设置、报告设置以及加载的翻译记忆库，单击"analyze"（分析）。在预翻译设置匹配率，如选择90％匹配率，则表示在预翻译时自动翻译该文件与翻译记忆库中90％模糊匹配的句段。

（3）生成的报告中包含全文字数、重复字数、重复率及与翻译记忆库的重复率等信息，然后单击"OK"。

三、翻译编辑

（1）在"project files"（项目文件界面）双击待翻译文档，进入 Wordfast 软件的"translation"（翻译）界面中。翻译界面的颜色以及操作快捷键的说明可以参见"preferences"（偏好设置）中的解释。

（2）Wordfast Pro 4 预翻译的操作是在翻译界面下，根据需要选择"translate until fuzzy""translate until no match""Translate All"，执行预翻译。

（3）在目标语言区域输入译文后，使用快捷键"Alt＋↓"，也可以单击"next segment"（下一句段），该单元翻译自动储存至翻译记忆库中。确认当前单元翻译，使用快捷键"Alt＋Enter"，确认后在状态栏中会出现靶心式的标识。

（4）添加术语。选中原文和译文的术语，使用快捷键"Alt＋Ctrl＋T"，添加至术语库中。

（5）对于切分不正确的句子，可以编辑合并或者拆分。在需要修改的句子上面单击右键，选择"Expand Segment"（合并句子）按钮，或者"Shrink Segment"（拆分句子）按钮。

四、质量保证

（1）打开"Preferences"（偏好设置），单击启用"spell check"（拼写检查），并在"transcheck"（质量检查）的选项中勾选需要检查的选项，设置完执行检查。

（2）单击工具栏上面的"spellcheck file"和"transcheck all"。检查出的错误，将在标注位置显示错误，提示修改。

五、生成译文

（1）选择"File"（文件）>"Save Translated File"（储存已译文件），生成译文。

（2）导出项目包。在"projects"（项目）视图下，选中项目后，单击"export package"（导出文件包）。在弹出的项目导出窗口，根据需要勾选，选择储存位置，单击"Export"（导出）。

此外，国外很多 CAT 工具都有在线版本，如 SDL Trados Live、MemoQ Cloud、Wordfast anywhere，其优点为无须下载软件，不占电脑内存空间，但由于外网打开的速度较慢，不是很推荐在国内使用。

思政价值

本章的思政价值主要体现在"国际视野"与"科学精神"两个模块。

在"国际视野"思政元素模块中，本章介绍了国际市场上主流的计算机辅助翻译工具，引导学生思考与关注翻译技术在国际社会与国内社会上的发展动态，培养学生的全球意识、开放的心态以及跨文化交际能力，拓展学生的国际视野，培养学生成为具有国际竞争力的卓越人才。同时，鼓励学生参加国际学术课程与论坛，交流翻译技术，培养具有国际传播能力的高素质人才，促进中外文明交流互鉴，服务国家对外话语体系建设。

科学精神也体现在思维方式中，通过"科学精神"思政元素模块，培养学生的批判性思维以及勇于探究的精神。本章共介绍了四款 CAT 工具，引导学生比较其差异，包括其功能以及操作的异同，突出科学精神的实证研究，一切科学认识必须建立在充分可靠的科学事实基础之上。同时，通过和企业联合，搭建产教融合平台，鼓励学生探究更多 CAT 工具的使用与操作。

本章思考题

1. 请使用 SDL Trados Studio 软件完成一个医学领域的文档的翻译，并同时上交其翻译记忆库与术语库。

2. 请探索 Wordfast 在线翻译工具的操作，并比较与电脑端软件使用的差异。

3. 请探索 Déjà Vu 的对齐功能，制作党的二十大报告的翻译记忆库。

4. 请在 Déjà Vu、MemoQ、Wordfast 三者中任选两款软件完成同一个翻译项目，并对比其操作流程以及优缺点。

第七章
国内 CAT 工具

导　语

　　近些年随着国内语言服务行业的发展,国内多家科技软件公司开发了适合中文与外文翻译项目的计算机辅助翻译工具,比较有代表性的 CAT 工具有优译 Transmate、雪人 CAT 与中科凡语的飞译人机合译平台等,下面将分别介绍这几款工具的具体操作。

第一节　优译 Transmate

　　优译 Transmate(http://www.uedrive.com)是一款由成都优译信息技术有限公司开发的计算机辅助翻译软件,运行平台是 Windows 系统,版本有 Transmate 单机版、Transmate 企业版以及 Txmall 翻译记忆库云平台的合约版。

一、Transmate 单机版介绍

　　单机版是一款提供给个人译员免费使用的计算机翻译辅助软件,具有项目管理、原文预览、伪翻译、预翻译、排版、翻译记忆、拼写检查、低错检查、在线翻译等多项功能,可以有效避免重复翻译,提高翻译效率,确保译文的统一性。

二、翻译项目流程

1.创建项目

（1）打开 Transmate 软件,单击菜单上"项目" > "创建项目",在弹出的创

建项目窗口,填写项目名称,选择源语言、目标语言,选择保存路径以及项目相关信息,完成后单击"下一步"。

（2）单击"导入文件",系统导入完成后,单击"下一步"。

（3）翻译记忆库,可以选择"加载"已有翻译记忆库,或者选择"新建"翻译记忆库。

（4）术语库可以选择"加载"已有翻译记忆库,或者选择"新建"翻译记忆库。加载之后单击"完成"。

（5）建立项目之后,双击该项目,进入翻译文件界面,单击"字数统计",在设置框中勾选,单击"确定",系统将自动统计结果。

（6）双击翻译文件,进入翻译编辑界面,选择工具栏中的预翻译,预翻译功能是将源语言文本与所插入的翻译记忆库进行检索与匹配,预翻译会替换翻译记忆库中存有的片段,勾选参数设置,完成后单击"启动预翻译",系统执行预翻译。

2. 翻译编辑

（1）在译文区输入翻译内容,然后按"Ctrl + Enter"确认翻译并移动至下一个句子,该翻译单元也随之储存至该项目的翻译记忆库中。此时该翻译单元的状态栏中有对号的提示标志。

（2）添加术语。如果要将术语添加至术语库中,首先选中原文与译文对应的术语,单击使用工具栏中的"添加术语"。

（3）翻译记忆库和术语匹配。如果当前翻译的句子与记忆库的某句达到了预设的匹配率,就会在翻译结果提示区显示,双击即可插入翻译记忆中的内容。插入术语的操作是双击对应的术语即可插入到光标所在的翻译单元中。

（4）快速查词和 Web 搜索,选中需要查询的词语,单击使用工具栏中的"Web 搜索",可以选择有道、爱词霸和 free dictionary 查询,或者单击左侧下方的"快速查词",输入查询的词语,选择查询或 Web 搜索。

（5）对于切分不正确的句子,可以合并或者拆分。将光标放置于需要修改的位置,单击右键,在弹出的下拉菜单中,选择"合并上一句""合并下一句"或者"拆分"。

（6）机器翻译设置。选中需要机器翻译的句段,单击右键,在弹出的菜单选择机器翻译的来源(有道、必应和百度)。机器翻译之后,在译文区自动显示结果。

3. 生成译文

选择"翻译">"导出译文",在弹出的窗口中,命名生成文件以及选择导出的储存位置,之后单击"保存"。

第二节　雪人 CAT

雪人 CAT(http://www.gcys.cn)是由佛山市雪人计算机有限公司开发,雪人 CAT 特色是支持两种翻译界面,支持百万句的记忆库与嵌入在线词典和在线翻译,具有双语对齐快速创建记忆库的功能。

一、雪人 CAT 版本介绍

雪人 CAT 自从 2009 年推出第一个版本之后,经过近 15 年的不断提升,在 2023 年推出雪人 CAT2023 版,新版本在 CAT 技术中添加了 AI 技术,使得雪人 CAT 工具更加智能化、自动化与高效化。值得一提的是,2023 版本中的双语对齐结果更加准确,增加了可分章节对齐和二次部分对齐的功能。雪人 CAT 旧版软件的特点是专注于双语的专业性,如中英版、中日版、中法版、中西版、中俄版、中韩版、中德版本,译者用户可以根据需要下载常用的版本,免去设置源语言和目标语言的流程。根据语言特点,不同的版本在对齐效果方面更优化。

二、雪人 CAT 翻译项目流程

1. 创建项目

(1)打开雪人 CAT 软件,单击菜单上"文件">"新建">"英译中项目"(或者"中译英项目")。

(2)按照项目设置窗口,设置记忆库最小匹配度以及勾选其他选项,匹配数值用户可以在 0.5～1.0 之间自行设定,如果数值低于 0.5,匹配意义不大。

(3)设置用户词典,添加已有词典。也可以用户自己制作词典,方法如下:将 TXT 或者 Excel 格式的词语文件在雪人词典中导入,然后生成".dic"的文件再导入至用户词典中。

(4)在记忆库设置中,单击"添加",导入翻译记忆库,格式必须为".sim",或者自己利用雪人对齐功能,将 TXT 或者 Excel 格式的双语文件导入其中,自制翻译记忆库。

（5）完成上述设置后，单击"确定"，软件会生成一个项目文件、一个项目词典和一个项目记忆库。单击"项目管理"＞"导入原文"，弹出导入文件窗口，选择导入的文件，雪人 CAT 免费版对文档要求为".txt"格式，单击"打开"，系统自动导入。然后进入翻译编辑页面。

（6）雪人 CAT 软件的预翻译功能是将源语言文本与所插入的翻译记忆库进行检索与匹配，预翻译会替换翻译记忆库中存有的片段，选择"工具"＞"预翻译"。在弹出预翻译设置框中勾选，设置完成，单击"确定"，生成预翻译结果。

2. 翻译编辑

雪人软件编辑区有两种模式，一是对照翻译模式，二是单句模式，单击下方"单句模式"按钮。

（1）单击翻译区的第一个句子，将光标放置于目标文本的单元格中，输入翻译内容，然后按"Enter"键，此时该翻译单元存储至所插入的翻译记忆库中，并且光标自动移动至下一个句子。

（2）如果原文本与翻译记忆库有相同或相似的匹配句段，下方的翻译记忆库区域就会提示，单击拷贝译文的符号，译文将自动添加至目标区，或是使用快捷键"F6"。

（3）添加术语。如果要将术语添加至术语库中，首先选中原文与译文对应的术语，单击右侧的"定义术语"按钮。添加的术语将在术语显示区出现。

（4）质量检查在界面的下方，单击"质量检查"，出现不同选项，根据需要进行勾选，相应的质量检查建议出现在右侧窗口。

3. 生成译文

单击"项目管理"，选择"导出译文"，在弹出的对话框里选择储存路径以及命名文件，生成的译文格式为".txt"。

第三节　飞译人机合译平台

飞译是北京中科凡语科技有限公司自主研发的多语言人机合译平台。北京中科凡语科技有限公司专注于人工智能自然语言处理（NLP），是中国科学院自动化研究所孵化的国家级高新技术企业。

一、飞译人机合译平台介绍

飞译网站(https://www.fycat.com)是集机器翻译＋辅助翻译＋翻译项目管理于一体的平台,提供高质量的多语言机器预翻译、多格式文档处理、在线翻译、高效的项目管理、多人实时协作、团队管理等功能。飞译还支持 32 种语言互译,支持格式有 docx、doc、pdf、xlsx、txt、xls、ppt、pptx、html 等,还支持 tmx、tbx、xliff 等本地化格式,平台除了支持中英通用领域,还特别对生物医药、医学领域、专利产权、水利机械、电子科技、文化小说、金融财经、电子商务等垂直领域提供专业性语言翻译支持。

"飞译"分为四个版本:高校版、医疗版、通用版和民族版。接下来将以高校版为例介绍这款软件的使用步骤。"飞译高校版"包含的功能有术语库、记忆库、项目管理、任务管理、多人协作等。

登录高校专属的飞译平台网址,初次登录时,根据管理员设置的账户与密码进行登录,之后可以自行修改密码。

二、智能翻译

智能翻译包括文本翻译功能与文档翻译。

1. 文本翻译

文本翻译与其他机器翻译的功能相似,但操作更便捷,粘贴原文文本后,不需要任何操作,即刻生成翻译。

2. 文档翻译

(1)加载原文。点击或将文件拖拽到指定位置,所支持的格式类型,如docx、xlsx、pptx、pdf、html 等常见格式。加载完成后,单击"翻译"。

(2)机器翻译。加载之后,自动进行机器翻译,当翻译进度到达 100％时,在最右侧"操作"区域,单击"查看"。

(3)翻译编辑。原文与译文成句句对应形式。确认翻译的操作是在键盘上按下"回车键",否则系统不默认完成。需要修改,在译文上直接修改即可。

(4)搜索与查词。如果需要在网页上搜索或查词,在"设置"中选择列表中的搜索引擎和词典,如百度、搜狗、Bing、金山词典和有道词典,然后在文本中选中后,单击右键搜索,可以直接打开已指定的网页或词典查询,十分便捷。

(5)添加术语。首先将原文的术语选中,点击"添加术语",原文术语便在右侧"添加进术语库"显示出来,然后再选中译文术语,译文术语也显示出来。最后单击"添加"。此时,该术语添加进入"临时术语表"中。单击上方"术语表"即可查看所添加的词条,如需要保存至术语库,单击"保存至术语库",之后可以去个人账户中的术语库中查看。

(5)生成翻译文本。翻译完成之后,单击"导出",选择导出的翻译模式,如"翻译:原译对照"。

(6)查看翻译。打开文档,查看所选择的翻译模式下的文本。

三、翻译管理

翻译管理分为团队管理和项目管理。

1. 团队管理

在左侧导航栏的"团队管理"模块中,每个用户都可以建立自己的团队,具体操作如下。

(1)单击"团队管理",进入该模块设置,然后单击"添加"。

(2)填写团队成员信息,填写已经注册过账户的成员信息,如手机号、姓名,并选择成员的角色,如分级管理员、项目经理、资源经理、审校和译员。最后点击"确定",这样就向所填写成员发送了邀请。当成员接到邀请时,确认后,才加入至该团队中。

2. 项目管理

(1)新建项目。在右侧导航栏中选择"项目管理",然后单击"新建项目",进入项目向导。填写项目信息。

(2)加载翻译的文件。操作与文档翻译加载文件一致。加载文件后,项目信息自动生成,需要检查下各项信息是否需要修改,如"项目名称""源语言""目标语言""翻译领域""工作流程""截止时间"。其中工作流程根据项目需要,可以选择"翻译""翻译+审校"或者"翻译+审校+复审"。填写完成后,单击"下一步"。

(3)项目设置。项目设置包括"记忆库""术语库""机器翻译引擎""预翻译""质量保证""断句规则"以及其他方面的设置。主要设置"记忆库"与"术语库",其他方面根据项目具体情况设置,如不要调整,单击"完成"即可。记忆库设置。如果需要给该项目单独建立一个翻译记忆库,则不要特殊设置。如果需要使用之前项目中记忆库,勾选所选的记忆库即可。如果需要加载已有的翻译库文件,单击"上传记忆库",加载的文件类型有 xlsx、txt、tmx 等。术语库设置。如果需要给该项目单独建立一个术语库,则不要特殊设置。如果需要使用之前项目中术语库,勾选所选的术语库即可。如果需要加载已有的术语库文件,单击"上传术语库",加载的文件类型有 xlsx、txt、tbx 等。

(4)机器引擎设置默认使用"中科凡语"机器引擎。预翻译设置,质量保证设置,断句规则设置等,根据需要调整。其他设置,包括搜索引擎设置和文档设置,具体根据项目需要调整。

(5)单击"项目名称",进入项目预翻译阶段。然后等待预翻译完成。

(6)成员分配。需要提前在"团队管理"中添加好需要的成员。按照工作流程模式,进行项目组成员任务分配,流程模式为"翻译 + 审校"。单击"翻译",然后单击"分配",添加成员。完成后再单击"审校",单击"分配",添加成员。

(7)成员可以在左侧"我的任务"中查看所分配到的任务,然后单击"项目名称"进入翻译编辑中。

3. 翻译编辑

(1)显示界面。显示页面的操作在右侧"显示模式",分为表格对照、上下对照与左右对照。需要说明的是,不是直接在项目管理中的页面翻译。译员或审校员都需要进入项目所分配的"我的任务"页面进行相应的任务操作。

(2)翻译的过程中,翻译每一句段后,按回车键,该句段的双语便存储在翻译记忆库中了。此外,还可以添加术语,以及使用在线词典进行查询。

4. 导出

翻译项目导出的格式类型较多,如原文、翻译、修订痕迹、tmx 文档。另外,项目结束后,该项目的术语库与记忆库将自动生成。

此外,飞译人机合译平台还具有语料库管理与统计的功能,可以进行记忆库和术语库的编辑,以及项目统计等。

思政价值

本章的思政价值主要体现在"家国情怀"与"科学精神"两个模块。

家国情怀体现在学生对家国的归属情结、情感认同和自觉担当,是中华民族珍贵的精神财富。在"家国情怀"思政元素模块中,教学安排每组学生搜集"党史故事"中英双语文本,并使用国内 CAT 工具进行对齐操作。党史故事体现了在近代史中,中国共产党在国家危难关头,把国家放在了首要的位置,为了中华民族伟大复兴,为了中国人民翻身做主。在技术操作的同时,厚植课堂教学的党史元素,用双语讲好党的百年奋斗历程、辉煌成就与宝贵经验,讲好伟大建党精神,让红色基因代代相传。

科学精神是人在认识世界和改造世界过程中表现出来的一种精神取向,科学精神反应出对真理的追求和坚持,对个人成长、社会进步、国家发展至关重要。在"科学精神"思政元素模块中,引导学生具备正确的思想观点,遵循社会发展的客观规律,同时注重培养学生的批判性思维以及勇于探究的精神,并且秉持科学精神,在实践活动中坚持实事求是,求真务实。教学任务中引导学生比较 Transmate 与 Trados Studio 在对齐操作中的差异性,比较飞译平台与其他在线平台的用户体验,同时鼓励学生探究更多国内 CAT 工具的使用与操作。

本章思考题

1. 请使用 Transmate 软件将"党史故事"汉英双语版做对齐操作,比较该款软件与 SDL Trados 在操作方面的差异性。

2. 请分别谈一谈使用 Transmate 与雪人 CAT 在翻译过程中的操作体会,这两款软件最突出的特色有哪些。

3. 请使用飞译人机合译平台翻译一篇医学保健类文本,并谈谈其机器翻译与百度翻译的结果有什么差异。

4. 请以小组为单位使用飞译人机合译平台完成一个翻译项目,按照"翻译 + 审校 + 复审"的工作流程进行工作任务的分配。

第八章

语料库检索与建立

导 语

语料库是语言研究、教学研究与翻译实践中重要的研究工具与基础资源。语料库的语料均为现实情况下发生的语言,可以为译者提供大量的真实语言数据信息。本章探讨语料库的定义以及分类,并以 BYU 语料库为例介绍语料库检索及其操作,同时分析 Sketch Enginee 语料库的检索以及自建语料库的过程,最后以 Lancsbox 语料库软件为例探讨其具体应用 。

第一节　语料库概述

一、语料库的定义

语料库(corpus,复数为 corpora),是存放语言材料的数据库,是为语言研究和应用而收集的,在计算机中储存的语言材料,由自然出现的书面语或口语的样本汇集而成,用来代表特定的语言或语言变体。语料库中的语料都是在现实情况下发生的真实语言,而非例句库,通过检索语料库可以分析语料统计数据,把握语言事实。

二、语料库的分类

语料库的分类方法有很多种,下面是常见的语料库分类,如表 8-1 所示。

表 8-1　常见语料库的分类

生语料库 raw corpus	标注语料库 annotated/tagged corpus
平行语料库 parallel corpus	可比语料库 comparable corpus
通用语料库 general corpus	专门语料库 specialized corpus
本族语语料库 native speaker's corpus	学习者语料库 learner corpus
单语语料库 monolingual corpus	双语语料库 bilingual corpus 多语语料库 multilingual corpus

1. 按是否被标注

真实语料需要经过加工,分析和处理才能成为有用的资源。根据语料是否经过深入加工,将语料库分为生语料库(raw corpus)和标注语料库(annotated/tagged corpus)。生语料库是指未经过深加工;标注语料库的语料资源是经过标注的,如北京大学《人民日报》标注语料库、近代汉语标注语料库。标注语料库通常用于语言学研究。

2. 平行语料库和可比语料库

平行语料库(parallel corpus)是由源语言文本和其对应的翻译文本构成的语料库,可以应用于翻译研究,表 8-2 可作为平行语料库资源的网站;可比语料库(comparable corpus)是指两种或多种语言的文本不构成对译关系,只是领域相同,主题相近。双语可比语料库应用于对同一领域内容方面的研究与理解,并且可以从可比语料库中提取对应的双语词对。

表 8-2　平行语料库资源的网站

网站名称	网址
联合国	http://www.un.org
中国外交部	http://www.fmprc.gov.cn
中国商务部	http://www.fofcom.gov.cn
中国日报	http://www.chinadaily.com.cn
中国网	http://www.china.org.cn
FT 中文网	http://www.ftchinese.com
北大法宝	http://www.pkulaw.cn
可可英语	http://www.kekenet.com
酷悠双语	http://www.cuyoo.com

3. 通用语料库和专门语料库

通用语料库(general corpus)适用于一般性的语料库研究,建库的标准和要求比较严格,各种类型的语料变体都要有反映,比如 BNC(British National Corpus)、柯林斯英语语料库(Bank of English);专门语料库(specialized corpus)是某个特定领域语言变体的反映,比如北大法宝语料库。

4. 本族语语料库和学习者语料库

本族语语料库(native speaker's corpus)是指以本族语言原创文本集合而成的语料库,而学习者语料库(learner corpus),即学习者产出文本组成的语料库,比如中国英语学习者语料库。

5. 按照语料的语种

按照语料的语种数量,语料库可以分成单语语料库(monolingual corpus)、双语语料库(bilingual corpus)和多语语料库(multilingual corpus)。表 8-3 为国内外常见语料库资源。

表 8-3 国内外常见语料库资源

名称	语种	网站
The American National Corpus	单语	http://www.anc.org
The British National Corpus	单语	http://www.natcorp.ox.ac.uk
Bank of English	单语	http://www.collinslanguage.com/wordbanks
杨百翰大学语料库(BYU Corpus)	单语	http://corpus.byu.edu
Corpus Concordance English	单语	http://lextutor.ca/conc/eng
Corpus of Contemporary American English	单语	http://www.americancorpus.org
Sketch Engine	单语	http://sketchengine.co.uk
Translational English Corpus	单语	http://genealogiesofknowledge.net/tec
国家语委现代汉语语料库	单语	http://www.cncorups.org
北京大学 Babel 汉英平行语料库	双语	http://icl.pku.edu.cn/icl_groups/parallel/concordance.asp
北京大学汉英双语语料库	双语	http://ccl.pku.edu.cn:8080/ccl_corpus/index_bi.jsp
哈尔滨工业大学语料库	单语	http://ir.hit.edu.cn/demo/ltp/Sharing_Plan.htm
绍兴文理学院语料库	单语	http://corpus.usx.edu.cn
中文语言资源联盟	单语	http://www.chineseldc.org

第二节　BYU 语料库的使用

美国杨百翰大学语料库（Brigham Young University Corpus，简称 BYU Corpus）由 Mark Davies 教授开发，整合了美国当代英语语料库（Corpus of Contemporary American English，简称 COCA）、美国历史英语语料库（Corpus of Historical American English，简称 COHA）、时代杂志语料库（*TIME* Magazine Corpus）、BNC（British National Corpus）、西班牙语料库、葡萄牙语料库等多个语料库的资源，其网址为 https://www.english-corpora.org。语料库列表中有语料库名称、语料库收录词的数量、收录时间以及信息来源等，比如第一个 NOW 语料库，是网络新闻实时更新的，又如"新冠肺炎"主题术语库 coronavirus corpus 是 2020 年 1 月才开始建立的。

一、BYU 语料库基础检索

下面将以 BYU 语料库中的 BNC 语料库的使用方法为例，介绍 6 类基础性检索，其他语料库使用方法与此相似。

1. List 检索

（1）登录美国杨百翰大学语料库，选择 BNC 语料库。

（2）搜索词语，例如输入单词"supervision"，选择"List"（列表）视图，得到该词语相关结果，单击该词语，得到该词语在语料库中出现的语境结果。

2. Chart 检索

选择"chart"（图表）视图，得到该词语在语体风格方面统计列表。

3. 搭配检索

选择"collocates"（搭配）视图，输入与其搭配词语"under"，按照默认值 4，表示两个词语前后距离为 4 个词，单击"find collocates"（搜索搭配），搜索结果显示"under"搭配"supervision"的词条很多，所示为具体语境下的句子。此方法可以在汉译英时检验所译英语是否可以在语料库中查询到，或者是频繁使用的搭配。

4. 比较检索

选择"compare"（比较）视图，出现比较框和搭配框，例如输入

"supervision"和"management",在搭配框一栏的后面选择POS下拉菜单中的All Verbs,显示为"_v*"表明可以与这两个名词搭配的动词情况,单击"compare words"(比较词语)。两个词语与动词搭配的情况:"management"为"supervision"出现比例的12.98倍;以"supervision"搭配词汇"Impose"那一横行为例,表明W1"supervision"与"Impose"搭配有5个句子,W2"management"与"Impose"搭配有2个句子,可以单击数字,查看具体语境中的句子。这一功能也可以应用于汉译英中,以语料库中的具体数字来选择比较合适的英语词汇。

5. KWIC 检索

选择KWIC(key word in context)(共现)视图,表明该搜索词汇经常与一些词汇在语境中共同出现,以词汇"supervision"为中心,经常共同出现的词汇,如"examination"。

6. 相近词搜索

命令为搜索"laugh"的相近词。在关键词前面加上"＝",输入"＝laugh"。进一步了解相近词,单击即可。

二、语料库与翻译案例

语料库能为译者提供大量的真实语言数据信息,为翻译提供合适的建议。当译者的母语不是目标语时,单纯通过词典查询不能保证翻译的准确性。译者可以通过查询目标语语料库,分析语料语境与目标语译文语境,通过语料库提供的语体风格、结构搭配、词频统计等最终确定合适的译文。

语料库可以在译前、译中和译后都起到辅助作用。在翻译前可以查询专业领域术语,在翻译中确定具体译法,在翻译后进行核实查证。下面为综合应用语料库及其他工具的翻译案例:

原文:

为保证福鼎白茶优质、高产,进一步提升福鼎白茶知名度和市场占有度,该市推出多项措施。

"提升……知名度"是中文表达十分常见的短语,在英文中应该如何表述呢?

在有道词典查询"提升……知名度",得到的表达方式如下:raise one's profile;enhance visibility;increase popularity;raise awareness。

进入 BYU-BNC 语料库,在搭配"collocate"视图下,分别搜索这些表达的具体语境。例如,在关键词第一行输入"raise",在"collocate"一行输入"profile",查看语境具体句子,其中的句子中的词组既有"引起重视",也有"提高知名度"的含义。因此该词组可以使用。其他的几个词组依次搜索,发现"enhance visibility"在 BYU-BNC 语料库不存在语料信息,而"increase popularity"使用频率很低,"raise awareness"虽然使用频率很高,但查看语境这个词组的含义是"引起……(公众)重视……",发现该词组大都与"困难""问题"等概念的词语搭配,因此在这个语境中不是很适用。根据语料库的查询与验证,"提高白茶的知名度"可译为"to raise the profile of the white tea"。进一步查询"profile"的英文含义,搜索牛津英文网络词典,"profile"其中有"impression"(形象)的含义,因此作为"知名度"的含义是可行的。

第三节 Sketch Engine

Sketch Engine 是由 Lexical Computing 公司开发的一款在线语料库检索与管理工具。该语料库工具特点是包含 101 种语言的语料,以及自带 724 个语料库,最大的语料库 English Web 2020(enTenTen20)含 365 亿字符,用户可以用于语言学习、语言教学、语言翻译、语言对比和语言分析等。其官网(https://www. sketchengine. eu)在使用前需要注册,免费用户只有 1 个月的体验时间。

一、Sketch Engine 语料库基础检索

Sketch Engine 语料库也包含 BNC 语料库,分为词语素描(Word Sketch)、词语差异素描(Word Sketch Difference)、同义词(Thesaurus)、共现(Concordance)等基础性检索。该语料库图案符号等设计较为艺术化,第一个是关键词的素描,为一个圆圈中有一个中心点;词语差异素描为两个小圈中分别有一个中心点;同义词则为一个中心点右侧有多个横杠表示多个相近词;共现则是中心点处于最中心位置的展示。下面将以其 BNC 语料库的使用方法为例,介绍这四种基础性检索,其他语料库使用方法与此相似。

1. 基础检索

(1)登录 Sketch Engine 语料库,完成注册后,选择要检索的语料库,例如在"type to search"方块中选择 BNC 语料库,如图 8-1 所示。

（2）点击"Word Sketch"模块，输入检索词语，将得到该词语的详细使用情况，例如，检索"collaboration"。各列表显示的是"collaboration"词语的使用场景，如第一竖列显示的是与"collaboration"搭配的形容词，想查看具体例句，点击查看；第三列为"collaboration"作为宾语，与其搭配的动词列表，这对于使用"collaboration"在英文写作以及翻译上具有参考意义。

（3）此外，词语素描中有很多功能，第一个是更改检索规则；第二个是提供下载选项，如下载 cvs\xlsx\xml 表单格式或者 PDF 格式；第三个是调整展示视角；第四个是当前搜索条件的细节展示；第五个是数据的可视化功能，非常直观展示关键词的搭配关系。

图 8-1　Sketch Engine 语料库词语素描可视化

2. 词语比较

（1）在"Word Sketch difference"这个模块中，点击进入后，输入要比较的两个词语，如"collaboration"和"cooperation"，然后单击"Go"。

（2）分析列表中两个词语的差异信息。例如在第一列中，表示的情况是与两个关键词经常放在一起使用"and"或者"or"的情况，比如"integration and collaboration"在语料库中收录了三个例句，而没有"integration and cooperation"这样的表达，数值为"0"。又比如第二列中，表示的是与关键词搭配的动词。"welcome collaboration"在语料库中收录了三个例句，而没有"welcome cooperation"这样的表达，数值为"0"。

3. 搜索相近词

（1）在"Thesaurus"这个模块中，点击进入后，输入关键词，如查询"collaboration"的近义词，然后单击"Go"。

（2）语料库会显示其近义词列表，列表中每个近义词后面的数值是在该语料库中含有该近义词的例句数量。

（3）相近词模块中也有很多功能，与刚才介绍词语素描中的功能相似。值得一提的是相近词的可视化功能，分为泡泡图与云朵图，较为直观与艺术化展示其近义词情况，如图 8-2 和 8-3 图所示。

图 8-2　Sketch Engine 语料库泡泡图

图 8-3　Sketch Engine 语料库相近词云朵图

4. 共现（concordance）

（1）在"Concordance"这个模块中，展示的是以关键词为中心的例句展示方式。点击进入后，输入关键词，如查询"collaboration"，然后单击"Go"。

（2）语料库显示其关键词例句列表，关键词为居中排列。这样便于用户查看关键词两侧词语与关键词之间的语法或者语义关系等。

除以上基础性检索，还可以进行平行语料库"parallel corpus"查询，可以选择"parallel concordance"模块，比如"United Nations Parallel Corpus—Chinese"，可以选择汉英对比查询。

二、自建语料库

Sketch Engine 语料库另一大优势就是提供用户自己建立语料库的功能，这为语言研究或者翻译研究提供了支持。建立语料库，点击"new corpus"，接下来就进入语料库创建向导，分为填写信息、添加语料以及生成语料库三个主要步骤。语料库建立分为建立单语语料库以及双语语料库，下面将分别进行介绍。

1. 建立单语语料库

（1）在创建向导中填写语料库的名称，然后选择"single language corpus"，语言根据语料语言，选择"English"或者语料其他的语言，然后在"description"简要描述项目情况，然后点击"Next"，进入下一步向导。

（2）选择语料来源的形式，可以选择网络来源"find texts on the web"，或者选择已有本地文本"I have my own texts"。例如选取语料来源是网易平台上"党的二十大报告"，这属于网络来源资源。然后点击"Find texts on the web"，进入下一步向导。

（3）在输入的类型"Input type"中，选择"URLs"，粘贴语料来源的网页。填写文件夹名称"Folder name"，填写完成后点击"Go"。Sketch Engine 平台自动编辑，生成语料库，点击"Corpus Dashboard"。

（4）进入该语料库后，可以开展翻译或者语言相关研究了。

（5）案例研究：研究党的二十大报告英译版中"people"（人民）的使用次数以及相关搭配。选择"Word Sketch"模块，然后输入"people"，然后单击"Go"，其可视化呈现如图8-4所示。

（6）案例分析："people"在党的二十大报告中被提及 44 次。第一列为修饰关键词的搭配，如"China and Chinese people""young people"或者"poverty-stricken people"，可以看出对青年人以及"贫困人口"的重视；第二列是搭配关键词的动词，如"people are inspired""people are filled"，如果需要查看详细的句子，点击右侧的三个小点即可，"Our young people are filled with greater optimism and enterprise..."，在报告中所对应的中文是"青年一代更加积极向上"。第五列为与关键词搭配的介词，"with people"（与人民一同）、"for people"（为了人

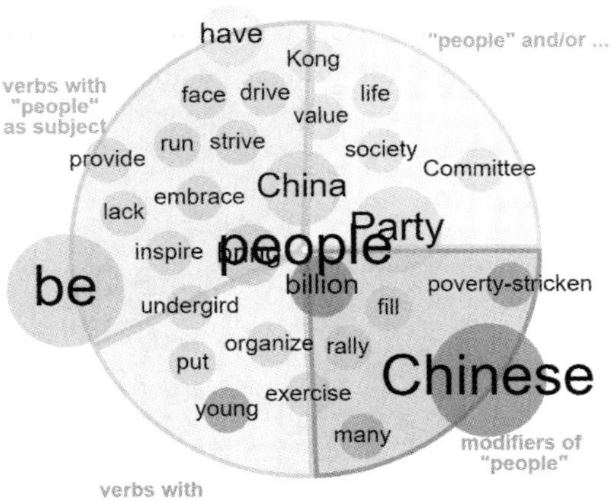

图 8-4　Sketch Engine 翻译研究案例可视化图

民）以及"by people"（由人民）。这次介词的使用都体现了中国共产党把人民的利益放在首位。例如，查看"by people"的例句，"Party's new theory for the new era has been embraced by the people…"在报告中所对应的中文是"新时代党的创新理论深入人心"。

2. 建立双语语料库

双语语料库建立需要填写语料库信息、对齐、上传以及生成语料库四个步骤。Sketch Engine 自带对齐功能。

（1）语料准备工作。双语语料库的建立需要已对齐的翻译文件，如"tmx"或者"xlsx"，或者是准备双语文档。

（2）在语料库建立的向导中，选择"Multilingual corpus"这个选项，然后点击"Next"。

（3）对齐环节。选择已对齐的翻译文件"Aligned documents"或者是"Non-aligned documents"。未对齐的文档 Sketch Engine 将自动对齐。

（4）填写源语言和目标语言信息，填写完毕后点击"Confirm"。之后在下方会显示需要上传语料。

（5）先在第一个框中上传源语言语料库，再在第二个框中上传译文语料，然后点击"Next"。

（6）语料库建成后，进入该语料库就可以开展翻译或者语言相关研究了，查询"人民"的使用情况。

第四节　LancsBox

LancsBox 是兰卡斯特大学的语料库研究工具,其特色功能有 KWIC(关键词检索)、graphcoll(检索词搭配)、Whelk(检索词分布)、words(主题词表检索)、ngrams(N 元分析)以及 text(文本工具)等。下面将以语料库 LancsBox 主题词表分析方法对大连市政府的形象进行探索。

一、研究准备

本案例研究主要回答以下两个问题:①"大连市政府门户网站新闻英语语料库(2023)"的主题词表所反映出来的政府形象是什么?②"大连市政府门户网站新闻英语语料库(2023)"是如何体现"服务型""能力型"与"创新性"的政府形象的? 首先对大连市政府门户英文网站 2023 年度的本地新闻英文版原始素材进行汇总,从每个月新闻中共抽选 30 篇,组成长度基本相等的 30 个纯文本,选取文本均围绕 2023 年度大连市政府实施的举措等新闻相关主题。根据分析软件的统计结果,样本的形符(单词)总量为 17 729,类符数为 3 140。

二、语料库分析

使用语料库 LancsBox 6.0 加载"大连市政府门户网站新闻英语语料库(2023)"后,选择 Words(主题词表检索)功能,主题词表按照频率(Frequency),即在文本中出现的次数,排名前 10 位的实词如表 8-4 所示。

表 8-4　"大连市政府门户网站新闻英语语料库(2023)"主题词表

序号	词语	频率
1	Dalian	140
2	development	104
3	city	98
4	new	95
5	project	91
6	municipal	89
7	enterprises	79
8	committee	72

续表

序号	词语	频率
9	construction	72
10	industry	66

高频词可以揭示特定话语所关注的问题,通过分析主题词表中的高频词语,如"development"(发展)、"construction"(建设)、"industry"(工业)、"project"(项目),体现出政府致力于社会全面发展的形象,突显出"发展架构"中的"能力型"政府形象。

1. "服务型"政府形象分析

通过语料库 KWIC 功能查看词语"service"(服务)在"大连市政府门户网站新闻英语语料库(2023)"中的使用情况,其中出现数量共有 42 次(23.69/10 000 形符数)。然后笔者利用 GraphColl(检索词搭配)功能,查看"service"(服务)搭配的词语,查看其可视化搭配图谱,从直观方式展示主题词的搭配特征。其数值具体设定为:"跨距"(Span)选择左 5 至右 5,"统计方式"(Statistics)选择"互信息值"(Mutual Information,简称 MI),"阈值"(Threshold)选择"搭配频率"(Collocation frequency)数值 3,"单位"(Unit)选择"词类"(Type)。检索结果包括关键词搭配的频率、分布性、关联性等特征。在表示与"服务"相关的领域搭配词语中,可见"public"(群众)、"transportation"(交通)、"high-tech"(高科技)、"industry"(工业)等,以及进一步查看其语料句段,展示了地方政府服务人民群众的形象,以及在促进各领域发展中体现出服务的意识。因此,在服务架构中体现了地方政府对改善民生,提高公共服务质量的重视,树立了良好的"服务型"政府形象。

2. "能力型"政府形象分析

地方政府发展和建设是考查政府的"能力"的重要标准。通过语料库 KWIC 功能查看词语"development"(发展)在"大连市政府门户网站新闻英语语料库(2023)"中的使用情况,其中出现数量共有 104 次(58.66/10 000 形符数)。由于该关键词出现频率较大,因此在"搭配频率"(Collocation frequency)阈值设置为 5。"development"(发展)搭配的词语有三类:① 领域方面的搭配,如"economic"(经济的)、"social"(社会的)和"environment"(环境)、"green"(绿色)等体现地方政府在发展社会经济的同时注重环境保护;② 修饰方面的搭配,如"high quality"(高质量)和"revitalization"(振兴)体现出大连政府不但注重均衡发展,也重视高质量发展与作为东北老工业基地的振兴发展;③ 动词搭配的使用,如"promote"(推进)和"leading"(引领)等搭配词也体现出大连市政府在发展建设时的魄力与勇于担当的精神。因此,在发展架构中体现了地方政府为各行各业的发展和运行做出的努力,塑造了优秀的"能力型"政府形象。

3."创新型"政府形象分析

同样利用语料库 LancsBox 的 KWIC 和 GraphColl 功能,查看"innovation"(创新)词语在语料库中的使用情况,共出现 18 次(10.15/10 000 形符数)。由于该词语出现频次不足够充分,在可视化搭配图谱的"阈 值"设置"搭配频率"数值 1,来查看其关键词与其他词语的关联性特征。"innovation"(创新)搭配领域方面的主要词语有"government"(政府)、"industrial"(工业的)和"institutional"(机构的)、"business"(营商)、"environment"(环境)和"high-technology"(高科技)以及"infrastructure"(基础建设)等,体现了地方政府在政府机构改革、工业发展、营商环境、基础建设以及高科技等诸多领域方面的新举措,符合时代的发展与人民群众的需求。同时,其程度修饰语,如"cooperative"(合作的)、"continuously"(不断地)以及动词搭配"accelerate"(加速),展示了地方政府的创新管理水平与能力,这对于推动政府管理体制的变革以及提高政府管理的效能与服务水平意义重大。因此,在创新架构中,地方政府展现出有力的"创新型"形象。

思政价值

本章的思政价值主要体现在"家国情怀"与"科学精神"两个模块。

在"家国情怀"思政元素模块中,教学中使用 Sketch Engine 自建党的二十大语料库,以语料库视角分析"人民"在党的二十大报告中的语言使用情况,引导学生通过语言学的研究数据体会到人民的重要性。人民性是马克思主义的本质属性,党的理论来自人民、为了人民、造福人民,人民的创造性实践是理论创新的不竭源泉。

在"科学精神"思政元素模块中,培养学生的批判性思维以及解决问题的能力。在翻译研究中,译者不但可以应用自建语料库来研究翻译问题,还可以应用语料库的检索功能解决翻译中的问题。引导学生根据实际的翻译问题,检索词语的搭配、词语使用的文体风格、同义词或并列词等,并培养学生的批判性思维,对所检索的结果进行评估,形成有效解决问题的技术思维。

本章思考题

1. 请完成一份1 000字的翻译检索研究报告,请描述2个具体的翻译问题、检索的具体过程以及解决思路。第一个翻译问题请选择 BYU 的 BNC 语料库,第二个翻译问题请选择 Sketch Engine 的 BNC 语料库。

2. 请使用 Sketch Engine 将党史"红色故事"做成单语的语料库,并选取关键词开展相关的翻译研究。

3. 请使用 LancsBox 对一份英文医学论文进行语言分析,先提出两个研究问题,再使用该语料库软件完成研究内容。

第九章

网络资源检索

导　语

在大数据时代,"搜商"代表一种比掌握具体知识更有价值的能力,具体体现为利用搜索引擎或网络资源获取所需信息的能力。搜商高的译者可以高效获取所需的信息,进而解决工作中遇到的问题。网络信息检索能力是职业翻译必备的计算机技能之一,本节将介绍搜索引擎的使用以及术语库、在线词典、学术数据库在翻译案例的应用。

第一节　搜索引擎

有效利用搜索引擎可以帮助译者解决翻译中的问题,如使用搜索引擎查找信息,或者借助搜索引擎图片检索的方法找到合适的翻译解决方案。下面将介绍搜索引擎概念、搜索引擎检索方法以及图片检索案例。

一、搜索引擎概念

搜索引擎是根据用户需求与一定算法,运用特定策略从互联网检索出指定信息反馈给用户的一门检索技术。搜索引擎优化,简称 SEO(search engine optimization),是指运用计算机程序从互联网中搜集信息,并经过一定的策略与整理,将搜索结果提供给用户。搜索引擎力求能把用户最先想查询的信息排在最前面。搜索页面的排名过程与用户直接互动,换句话说,系统在推测用户最想查询到的结果。搜索引擎依托于多种技术,如网络爬虫技术、检索排序技术、网页处理技术、大数据处理技术、自然语言处理技术,为信息检索用户提供快速、高相关性的信息服务。如果同时在谷歌、必应、百度、搜狗等搜索引擎搜索同一关键词,搜索页面的排列顺序或者提供的搜索结果是不同的。不同的搜索引擎有不同的排序方式,搜索同一关键词,会得到不同的检索结果。同一搜索引擎,搜索时间和版本不同,检索的结果也会不同。

搜索引擎分类可以有以下三种方法:① 线上搜索和线下搜索,或网络搜索和桌面搜索;② 工具不同:百度搜索、谷歌搜索、必应搜索等;③ 内容不同:网页搜索、文本搜索、图片搜索、音频搜索、视频搜索等。

二、搜索引擎检索方法

搜索引擎检索方法可以分为布尔检索、位置运算符检索、词组检索、截词检索、字段检索、垂直检索、社交化检索以及其他高级检索语法等。

1. 布尔检索

布尔检索(Boolean operators)是利用布尔运算符连接各检索词,然后由计算机进行相应的逻辑运算,找到所需信息的方法。常见的运算符包含与(AND)、非(NOT)、或(OR),优先顺序为 NOT、AND、OR。谷歌或必应搜索引擎都支持布尔检索,但百度搜索不支持 AND 符号,多个检索词用空格隔开即可。

2. 位置运算符检索

位置运算符(adjacent operators)表示两个检索词的位置邻近关系,又称为邻近检索(proximity search),用于两个检索词以指定间距或顺序出现的场合。按照两个检索词的顺序和距离,可以有多种位置运算符。常见的位置运算符有With、Near、Same、Subfield。

3. 词组检索

词组检索,也称为短语检索(phrase search),输入两个词以上的词组或短语,最好用双引号括起来,缩小检索范围,提高搜索效率。百度使用双引号和书名号都可以进行精确检索。如果不加,可能会被拆词。

4. 截词检索

截词检索是指在检索词的适当位置截断,用截词符代替可变化的部分。其作用主要是解决一个检索词的单复数、词性变化以及英美词汇拼写差异等问题。＊代表一个或多个；？代表一个字符。例如输入"beat＊",可以检索到"beating""beats"等词语。

5. 字段检索

字段检索是指在单个库中检索符合某指定字段的记录。数据库指定字段代码：文摘(AB)、作者(AU)、机构名称(CS)、标志词(ID)、语种(LA)、出版年代(PY)、题名(TI)。

6. 垂直检索

垂直检索可以满足专业性强的垂直领域的检索,为专业用户提供相关信息检索服务。例如,医学搜索有 360 良医、搜狗明医搜索、MedSite、MedExplorer等;专利搜索有国家知识产权局专利检索、美国专利局网上专利检索、世界知识产权组织网上专利检索、Google 专利搜索等。

7. 社交化检索

社交化搜索引擎(social search engine)是自媒体时代随着社交网络平台兴起,很多信息被分享与转发。需要注意的是使用信息的伦理道德,要提高信息免疫力,提升甄别力。

8. 其他高级检索语法,如表 9-1 所示。

表 9-1　高级检索语法

语法	功能
site	只搜索某个网站或某域名内的网页
intitle	限制搜索网页标题中含有这些关键词的网页
inurl	限制搜索在网址链接中的关键词
filetype	限制搜索特定类型的文档

例如,在必应网站输入"bank statement filetype:pdf",搜索到的结果都是"bank statement" 相关的 PDF 文档。

三、图片检索案例

利用谷歌、必应等搜索引擎进行关键词和图片的搜索来辅助翻译。

案例一:在一篇介绍家庭聚会的英文文章中出现了"punch"这一词汇,经过词典查询,得到的结果有"潘趣酒"或"宾治",但这样的音译方法让读者并不了解这种酒到底是什么样子。借助图片搜索结果,在必应的国际版中选择"Image",并输入关键词"punch",结果如图 9-1 所示。潘趣酒看起来像是加了水果或果汁的酒。这种图片搜索的方法以直观的方式提供译者信息,便于译者了解所译的事物,很好地解决了文化的差异问题。

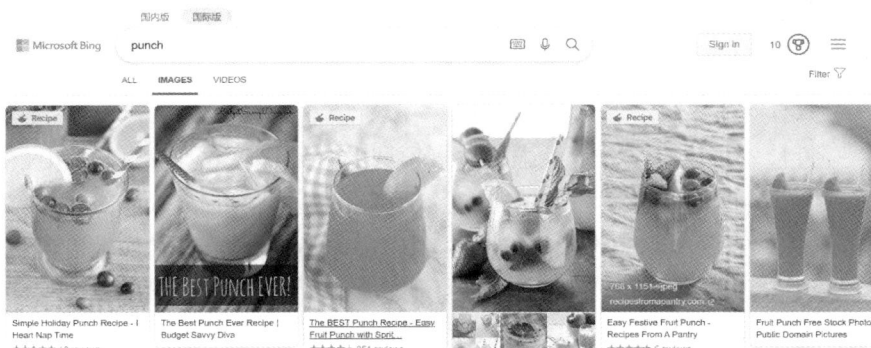

图 9-1　必应图片搜索"punch"

案例二:请使用图片检索方式,翻译"请走侧门"。这里的"走"应该用哪个动词呢? 下面为具体的图片检索操作。在必应的国际版中选择"Image";猜测"侧门"应该翻译成"side door";输入关键词"side door sign",结果如图 9-2 所示,"请走侧门"的标识语翻译应该为"Please use side door"。

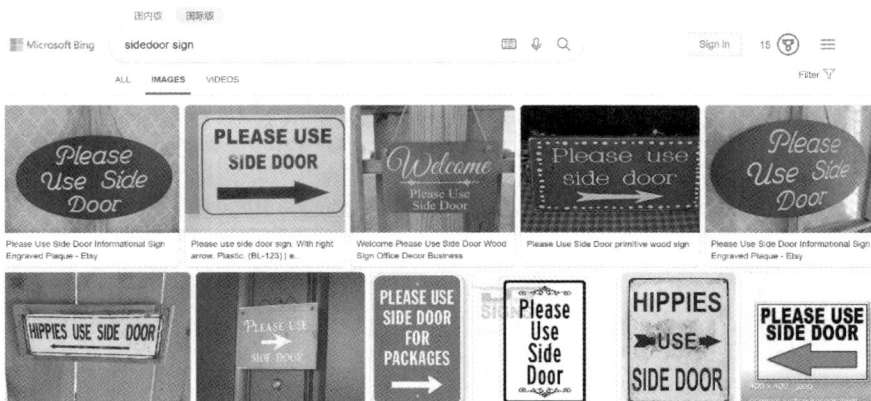

图 9-2　必应图片搜索"side door"

第二节　在线术语库

目前,许多国家和组织都建立了术语数据库,如联合国 UNTERM 术语库、欧盟多语种术语库 EuroTermBank、爱尔兰国家术语库、加拿大的 TERMIUM 英语法语术语库。这里详细介绍三种含有中文的术语库:联合国术语库、微软语言门户术语集和 CNKI 翻译助手。

一、联合国术语库 UNTERM

联合国术语库(UNTERM)是一个包含英、法、西、中、俄、阿拉伯六种联合国官方语言以及葡萄牙和德语的术语数据库(http://unterm. un. org),其成立的初衷就是为其成员国和世界各组织等工作人员提供语言帮助。下面是在 UNTERM 中搜索术语的详细操作。

1. 登录联合国术语库网站

2. 语言设置

单击网页最上面一行的"settings"(设置),进入语言设置页面。如果是英文和中文的术语检索,勾选"English"和"Chinese",如要想要检索其他语言,方法同上。接下来单击"update default settings"(更新语言设置),之后会提示"settings saved in cookie",表明语言设置成功。然后单击"Home",返回搜索主页面。

3. 术语搜索

例如,在搜索框内输入"信贷紧缩"并单击"search"(搜索),跳转至搜索结果页面,"信贷紧缩"有两个对应的英文"credit squeeze"和"credit crush",并且每一个词条后面对应的是该词条来源的联合国部门机构。

4. 术语解释

如果想进一步查看该英文术语解释,可以单击该术语前面的"view",查看"credit crush"术语的具体解释。

二、微软语言门户

微软语言门户网站覆盖近一百种语言,主要提供语言技术 IT 方面的术语检索,并且提供微软术语库下载。微软语言门户网址为 https://www.microsoft.com/zh-cn/language。下面是在微软语言门户网站上如何搜索术语和下载术语库的具体操作。

1. 登录微软语言门户网站

设置源语言和目标语言,输入需要搜索的术语。请在源语言下拉菜单里选择"简体中文",目标语言自动变成"英语"。

2. 搜索

例如,输入搜索内容"通配符",然后单击"搜索"。搜索结果显示。微软术语集中显示"通配符"的英语术语以及定义。

3. 下载微软术语库

单击页面上部的"下载"按钮,选择"简体中文"语言,就可以下载微软术语库,所下载的文件格式为".tbx"格式的术语库文件,之后还可以应用在计算机辅助翻译软件上面。

三、国内在线术语库

下面列出的国内在线术语库提供专业性的术语检索,译者可以根据需求选择合适的在线术语库进行检索,下面介绍两个案例操作。

表 9-2　在线术语库

在线术语库名称	网址
中华思想文化术语库	https://shuyuku.chinesethought.cn
中国特色话语对外翻译标准化术语库	http://210.72.20.108/index/index.jsp
中国关键词——权威解读当代中国	http://www.china.org.cn/chinese/china_key_words
中国重要政治词汇对外翻译标准化专题库	http://210.72.20.108/special/class3/search.jsp
术语在线(全国科技名词委)	https://www.termonline.cn/index
CNKI 翻译助手(中国知网)	https://dict.cnki.net/index
语帆术语宝	http://termbox.lingosail.com

1. 案例一:验证术语的正确性

如何翻译"一带一路"?是不是机器翻译的结果"One Belt, One Road"呢?首先,需要选择一个合适的在线术语库,可以选择表格中的"中国关键词——权威解读当代中国"或者"中国重要政治词汇对外翻译标准化专题库"这两个在线术语库,然后再分别进行检索,比较后再得出结论。

（1）登录"中国关键词—权威解读当代中国",输入"一带一路"。

（2）检索之后,选择提供的检索结果。

（3）通过检索,发现"一带一路"倡议的译法是"The Belt and Road Intiative",而"一带一路"国际合作高峰论坛的译法是"Belt and Road Forum for International Cooperation"。因此可以初步确定"One Belt, One Road"这个译法不太准确。

（4）为了进一步验证这个推论,登陆"中国重要政治词汇对外翻译标准化专题库",经过检索。

（5）进一步分析:虽然结果中显示"One Belt and One Road"的说法,但单击查看具体来源时发现,相比较其他结果来讲,这个提法的时间比较靠前,是2014年的翻译结果。

（6）查看第一个的翻译结果来源,显示的是2017年的翻译结果。经过查证,确定"一带一路"其实是"一带一路"倡议的简称,英文翻译应该为"The Belt and Road Intiative"。

2. 案例二:中国知网 CNKI 翻译助手的使用

CNKI 翻译助手基于中国知网海量的学术双语平行语料库以及 CNKI 专业的文献机器翻译技术,为用户提供专业的学术翻译工具。

（1）登录中国知网下载 CNKI 翻译助手（https://dict. cnki. net）,在搜索框中输入可查询的专业领域术语即可。

（2）例如,查询医学术语"腰椎间盘突出",输入关键词后,单击"翻译",显示两种翻译方法,分别是"lumbar disc protrusion"与"lumbar hermiation"。

（3）分别点击这两种译法,该网站则会显示这个英文术语的具体来源及例句等信息。译者可以根据具体情况进行判断与选择。

第三节　在线词典

不论是英英词典,还是英汉双语词典,都可以选择合适的在线词典来帮助翻译确定词义、查证译文。表 9-3 展示的是有代表性的在线词典,下面将以在线词典的特色功能为例,介绍相近词查询、词组搭配查询以及其他特色功能。

表 9-3　在线词典

类型	在线词典	网站
英英	Dictionary	https://www.dictionary.com
英英	柯林斯在线词典	https://www.collinsdictionary.com
英英	牛津在线词典	https://www.oxfordlearnersdictionaries.com
英英	韦伯斯特在线词典	https://www.merriam-webster.com
美式英语	The Britannica Dictionary	https://www.britannica.com/dictionary
英英	The Freedictionary	https://thefreedictionary.com
英英	麦克米伦在线词典	https://www.macmillandictionary.com
英英	Vocabulary.com	https://www.vocabulary.com
相近词	Word Similarity	https://wordsimilarity.com
双语	Linguee	https://www.linguee.com
多词典	Onelook	https://www.onelook.com
词源英英	Etymology Dictionary	https://www.etymonline.com
双语	欧路词典	https://dict.eudic.net
双语	海词词典	https://corp.dict.cn
双语	沪江小 D 词典	https://dict.hjenglish.com/en
双语	金山词霸	http://www.iciba.com
词源双语	趣词词典	https://www.quword.com
影视双语	人人词典	http://www.91dict.com
双语	有道词典	https://youdao.com
双语	必应词典	https://www.bing.com/dict?mkt=zh-CN
英英、双语	剑桥在线辞典	https://dictionary.cambridge.org
词组搭配	牛津搭配词典	http://collocationdictionary.freedicts.com
可视化	Visuwords	https://visuwords.com
反向词语	Wantwords	https://wantwords.net

一、相近词查询

相近词（synonym）在汉英翻译中应用广泛，如想查询一些较为高级的相近词词汇，可以使用 The Freedictionary、韦伯斯特、柯林斯、剑桥等在线词典中的 Thesaurus 功能模块。除此之外，Word Similarity 词典专门提供相近词的查询，具体操作如下：

1. 登录 Word Similarity 词典网站

输入想查询的相近词，例如翻译《红楼梦》不同人物角色的"笑"，想查找"laugh"的相近词。输入"laugh"，然后点击右侧的"查询"按钮。

2. 点选要查询的语言类型

选择"laugh in English"。

3. 查看具体结果

该词典提供排在前十位的相近词，并以可视化形式展现其相近词。

二、词组搭配查询

词组搭配（collocation）是在汉英翻译中的经常需要查询的方面。可以使用韦伯斯特、柯林斯、剑桥、牛津等在线词典中的 collocation 功能模块。下面将以牛津搭配词典为例讲解具体操作。

1. 登录牛津搭配词典网站

2. 查询关键词

输入想查询的关键词，例如翻译某种"理念或者概念"时想查找"concept"的词语搭配，输入"concept"，单击右侧查询按钮。

3. 查看检索结果

第一部分是有关"concept"作为名词，可以搭配的形容词。下面部分还提供了"concept"搭配的动词与介词。总之，不论是形容词、动词，还是介词与关键词的搭配，都可以对英文写作以及翻译方面提供参考。

三、其他特色功能

1. 影视例句功能

人人词典将人人视频字幕组积累十年的原创双语字幕与词典工具完美结合，提供美剧的原声朗读和场景例句学习。

2. 词源功能

有些词典可以提供单词的词源查询，包括其词根词缀，从词源挖出词根，从词根挖出同根词等。例如 Etymology Dictionary 英文词典或者趣词双语词典。

3. 可视化功能

Visuwords 词典用可视化的方法,展示一个单词的含义、同义词和反义词等内容。

4. 反向功能

反向词典(WantWords)由清华大学计算机自然语言处理与社会人文计算实验室和人工智能研究院合作出品。如果在英文写作或者翻译中想不到合适较为高级的词语,就可以查询反向词典,输入英文词语,就会产生近百个近义词和反义词。该词典还开发了微信小程序,同时也提供中文词语的查询。

思政价值

本章的思政价值主要体现在"家国情怀"与"科学精神"两个模块。

在"家国情怀"思政元素模块中,通过研讨中华传统文化术语的翻译,增强学生的英文国际传播能力,向世界讲好中国故事,传播好中国声音,让世界读懂当代中国,理解当代中国。通过指导学生学习近五年的政府工作报告重点术语的翻译,引导学生追求实现中华民族伟大复兴的远大理想,坚定理想信念,梳理正确的世界观、人生观和价值观,激发学生的家国情怀,坚定拥护中国共产党的领导。

在"科学精神"思政元素模块中,培养学生的批判性思维以及解决问题的能力。了解网络资源的检索,包括搜索引擎、在线术语库以及各类在线词典,并能够根据实际的翻译问题展开检索,评估检索结果后确定问题是否得到有效解决。同时,培养学生在翻译过程运用网络资源,学习国际上各领域学科的先进理念与知识,利用检索方法,解决对新事物认知的问题,重构自己的知识体系,培养终身学习的习惯。

本章思考题

1. 请使用图片检索的方式,翻译"禁止践踏草坪"标识语。

2. 请分享自己使用社交网络资源解决学习问题的经历。

3. 请选取政府工作报告多个重点术语,并应用至少两款在线术语库进行检索以及分析检索过程。

4. 请翻译介绍中华传统文化的视频文本,结合自己的翻译案例,使用多种网络资源工具解决翻译问题。

第十章

机器翻译与译后编辑

导　语

随着技术的发展,翻译模式从传统的人工翻译走向 CAT 工具翻译,而目前很多语言服务行业的公司采用的是机器翻译＋译后编辑模式的工作流程,或者依托人机合译平台完成翻译项目。完全由译员翻译非文学类的实用文本效率低、成本高,而机器翻译的质量又不完全可靠。因此,为了弥补机器翻译的短板,保证译文质量,人工编辑就显得十分必要。在发挥机器翻译提高工作效率、保证术语统一等优势的基础上,人工编辑又可以充分调动译员的主观能动性,通过修改润色,使机械对应的内容更具有可读性,并纠正可能存在漏译错译的内容。

第一节　机器翻译

随着计算机技术的发展,早在 20 世纪 30 年代初,法国科学家阿尔楚尼便提出了利用机器进行翻译的想法。1957 年,美国乔治敦大学联合 IBM 展示了英俄机器翻译,开启了机器翻译的序幕。

一、机器翻译相关概念

机器翻译(machine translation,简称 MT),也可以称为自动翻译(automatic translation)。本质是将文本或语音形式的自然语言,从源语翻译成目标语的过程。通俗来讲,就是人不参与任何的计算机的处理,机器是翻译的主体,是完全自动化的翻译。机器翻译的开发要远远早于计算机辅助翻译工具的产生。"人助机译"理念（human-aided machine translation，简称 HAMT）即由机器进行预翻译，然后由译者进行审核机器的正确性再做相应修改。反过来，"机助人译"理念（machine-aided human translation，简称 MAHT），指人利用计算机存储数据库的功能提升翻译效率与保证翻译质量，即计算机辅助翻译（computer-aided translation）。

二、机器翻译的发展

机器翻译的发展经历了规则原理、统计原理、神经网络以及当今的大语言模型。

1. 基于规则的机器翻译

基于规则的机器翻译（rule-based machine translation，简称 RBMT），先通过计算机建立双语词典，并写入语法规则，再由对应的词汇按照语法规则得到目标语文本。然而，基于规则原理的机器翻译错误较多，效果并不理想。

2. 统计机器翻译

随着互联网的出现和普及，很多互联网商研发了基于互联网大数据的统计机器翻译（statistical machine translation，简称 SMT）。基于统计的机器翻译是通过搜索大量的双语网页，将其作为语料库，由机器选取最为常见的词对应关系，给出翻译结果，总体效果质量比之前提升了很多。但是若没有大规模的语料数据支撑，其译文质量也无法保障。

3. 神经机器翻译

2014 年神经机器翻译（neural machine translation，简称 NMT）技术提出，采用计算机神经语言的编码器-解码器的框架，目前较为先进的是采用循环神经网络（recurrent neural network，简称 RNN）。以汉译英为例，其原理为 NMT 的编码器对每个中文单词采用 RNN 从左到右进行编码生成向量表示，然后解码器采用另一个 RNN 将编码好的句子向量反向解码，逐词生成一个英文句子。谷歌在 2016 年 9 月宣布使用谷歌神经网络机器翻译（GNMT）技术。

4. 大语言模型

随着 ChatGPT 的产生，大语言模型对于翻译也将产生革命性变革。大语言模型（large language model，简称 LLM）是一种利用机器深度学习技术，根据大量文本数据,学习语言的规律,从而能够生产自然和流畅的文本的模型。由于大语言模型强大的表达能力,可以应用于各种自然语言处理任务,如机器翻译、文本摘要、对话系统、术语提取。

三、机器翻译种类

针对不同的用户需求,市面上已开发出多种机器翻译产品,包括网页版机器翻译、浏览器机器翻译插件、文档翻译、交互式机器翻译平台等,见表 10-1。很多主流的 CAT 工具也可以调用机器翻译的 API 接口,在机器翻译的基础上做译后编辑。

表 10-1　机器翻译种类

机器翻译种类	名称
网页版机器翻译	百度翻译、搜狗翻译、有道翻译、谷歌翻译、必应翻译、DEEPL
浏览器机器翻译插件	谷歌浏览器、百度浏览器、QQ 浏览器、360 浏览器
文档翻译	百度翻译、搜狗翻译、谷歌翻译、qtrans（Tmxmall）
交互式机器翻译平台	TranSmart（腾讯）、飞译人机合译平台（中科凡语）

四、机器翻译质量评估

机器翻译的译文质量可以通过人工或者机器自动评测。早期的机器翻译人工评价标准始于较有影响力的美国自动语言处理指导委员会（Automatic Language Processing Advisory,简称 ALPAC）提出的"清晰度"与"保真度",而后美国先进研究项目机构制定了新标准,从译文的流利度、忠实度和理解力展开评测。

不过人工测评存在主观性、耗时与高成本等原因,自动评测的开发十分必要,即通过计算机实现机器翻译译文的自动评测。自动评测分为有参考译文和无参考译文两种模式。2002 年,BLEU（Bilingual Evaluation Understudy）测评设计是将计算机翻译译文与参考译文相比较其共同性,共现词语（N-gram）越多,译文质量越高。

无参考译文的自动测评是直接比较原文和译文的语义匹配程度与位置匹配等,其原理较为复杂。由上海一者信息科技有限公司自主研发的 YiCAT 平台（https://www.yicat.vip/edu）提供机器翻译自动评测。该平台可以加载的机器翻译的种类较多,包括 ChatGPT、谷歌翻译、必应翻译、百度翻译等。当自动测评功能启用后,系统会自动为机器翻译质量评出等级。共分为 S/A/B/C 四档,并在编辑器的句段栏内体现。S 档:机器翻译质量为超优,译员可不做修改;A 档:机器翻译质量为优,译员可稍加修改;B 档:机器翻译质量为良,译员可详细修改;C 档:机器翻译质量为中,译员需多加注意。

第二节　译后编辑

在 2017 年 2 月首尔举办的人机翻译大赛中,机器翻译还是没能打败人类译者,这说明机器翻译仍达不到人类翻译的效果,因此在机器翻译过程中需要有人的干预。译后编辑是在机器翻译结果基础上完成的,旨在检查机器翻译的准确性和可理解性,改进文本,提高文本可读性,并更正错误。

一、译后编辑能力

机器翻译与译后编辑工作模式已经成为目前语言服务行业的主流生产方式,而 MTPE 译后编辑译员也成为语言服务企业的招聘需求。对于译后编辑译员的招聘能力如下:首先,需要具备机器翻译技术的一般知识,了解机器翻译系统的常见错误;其次,能够使用主流的计算机辅助翻译的工具;第三,需要专注于机器翻译出错的特定问题,保证修改的译文在可读性、准确性、流畅性以及术语方面没有问题。

二、译后编辑的类型

译后编辑通常分两种类型:完全译后编辑与快速译后编辑。

1. 完全译后编辑

完全译后编辑(full post editing,简称 FPE),此类型的编辑是保障语法、标点、拼写正确、译文和术语准确等细节问题,同时要修改编辑文化差异的译文,并使译文风格一致,保证译文的可读性、流利性、忠实性等方面。

2. 快速译后编辑

快速译后编辑(light post editing,简称 LPE),此类编辑重点是修改错译、重新组织句式结构,以及修改编辑明显的错误,不纠结所有细节,也不修改译文风格。

除了根据文章类型判断以外,采用完全译后编辑还是快速译后编辑,也取决于机器翻译的质量。如果机器翻译系统给出的译文质量与理想效果差距较大,则需要进行更为细致的译后编辑。请看下面的翻译案例:

原文:中美开启互动模式,双方在部分问题上取得进展、达成共识,向世界释放缓和关系的积极信号。但"冰冻三尺非一日之寒",对于一个时期以来中美关系出现的种种问题,究竟怎么看?

DEEPL 机器翻译:China and the United States have begun a mode of interaction, and both sides have made progress and reached consensus on some issues, releasing positive signals of détente to the world. However, "three feet of ice is not cold in a day", for a period of time since the emergence of China-United States relations of various issues, in fact, how to see?

LPE:China and the United States have started an interactive mode, and both sides have made progress and reached consensus on some issues, releasing positive signals of easing relations to the world. However, three feet of freezing ice is not formed in a day. How do you think of the various problems that have arisen in Sino-US relations for a period of time?

FPE: China and the United States have launched an interactive model, where both sides have made progress and reached consensus on some issues, releasing positive signals of easing relations to the world. However, "Rome wasn't built in a day", what do you think of the various problems in Sino-US relations for a period of time?

三、译后编辑策略

译后编辑策略共分为三步。

1. 选择恰当的机器翻译引擎

译员先选用一小段样本,通过比较多种机器翻译的译文结果,来确定某一翻译项目应该选择哪款机器翻译。这里介绍两款机器翻译比较的平台:一是 Paratrans 网站(https://paratrans. vip/login. php)。注册账号后,可以免费试用 100 次的机器翻译对比;二是 language X 平台(https://app. languagex. com),其免费版本提供 12 款通用的机器翻译引擎。

目前来讲,国外的机器翻译在英译汉方面的质量要比汉译英方向较佳,可能是因为源语言作为汉语来讲,有些汉语的词语含义或句法不能被机器很好理解,因此在翻译过程中会产生错误。

2. 了解机器翻译常见错误

只有先了解了机器翻译的常见错误,才能更好地识别错误后进行修改。在汉译英方面,需要注意四点:准确性、流利性、可读性与文体风格。① 准确性:译员需要检查译文与原文的准确性问题,如是否有误译、漏译的现象,尤其是术语或者专有名词翻译的正确性与一致性;② 流利性:译员需要检查其译文的流利性,如译文的句法和语法的正确性和流畅性;③ 可读性:译员需要关注译文的词语搭配是否地道、语句表达是否流畅、句式逻辑性是否清晰、是否能充分输出有效的信息;④ 文体风格:译员需要检查词语和语句的表达是否符合译文的应有的文体风格,比如措辞的严谨度与规范性。

3. 术语干预

术语一致性问题是译后编辑重点关注的问题,可通过采用术语干预功能并结合 QA 功能来验证术语一致性问题。

请看下面的翻译案例。

原文:大健康理念能提高民众健康素养,接受科学的健康指导和正确的健康消费,不仅是"治病",更是"治未病";是帮助群众从透支健康、对抗疾病的方式转向呵护健康、预防疾病的新型的健康管理模式。

百度翻译:The concept of general health can improve people's Health literacy, accept scientific health guidance and correct health consumption, not only to "cure", but also to "cure"; It is a new health management model that helps the public shift from overdrafting their health and fighting against diseases to caring for their health and preventing diseases.

分析:机器翻译在第二句的无主句已经可以保证语法结果的完整性,基本语法结构正确不需要调整。需要讨论的有以下三点:① 术语中的"大健康"如何翻译? 由于术语在国内是近些年才提出的,所以需要去权威的术语库、双语新闻网站或者知网翻译助手查证。经知网翻译与中国日报英文版查证,"大健康"翻译成"big health";② 机器翻译中的"治病"与"治未病"都翻译成"cure",这样在逻辑上也行不通,所以需要把真正的含义表示出来,"治未病"就是预防疾病;③"透支"通常用于金融领域,在汉语的语境中可以使用"透支健康",但是英语语境是否行得通呢? 可以通过查询 BNC 语料库解决这一问题,经查证这两个词并不能搭配在一起,因此需要把词语的真实含义表示出来,"破坏健康"。

译后编辑:Big health concept can improve people's health literacy, accept scientific health guidance and correct health consumption, which is not only "treating diseases", but also "preventing diseases"; It is a new health management mode that helps people change from damaging their health and fighting against diseases to caring for their health and preventing diseases.

四、译前编辑

译前编辑是通过修改原文提升机器翻译的译文质量。在将文本录入机器翻译系统前,可以对源文本进行修改,对不易理解的词语进行处理,对句子结构复杂的句子采取调整,或者对语篇信息进行改写,使得机器翻译引擎能更好地识别和理解文本内容,从而生成更高质量的机器翻译译文。常见的译前编辑手段有补全句子成分、切分句子结构、消除歧义内容、代词或同义词替换等。

请看下面的案例,这是一则科技文体,文体风格较为正式。

原文:要充分重视自然科学理论,包括现代数学、高能物理、分子生物学等基础理论的研究,忽视这一点,就不能掌握和运用世界上先进的科学技术成果,不能很好地解决我国建设中遇到的问题。

必应机翻:We must pay full attention to the study of natural science theories, including modern mathematics, high-energy physics, molecular biology and other basic theories; if we ignore this, we will not be able to grasp and apply the world's advanced scientific and technological achievements, and we will not be able to properly solve the problems encountered in China's construction.

分析机翻结果,当原文为无主语句子时,机器翻译采用"we"来填补,但是这样的文体风格就会显得有些不正式。针对本案例,译前编辑工作包括以下方面:切分句子;删除没有实际意义的词语;补充逻辑词、主语、代词等成分;对于无主语的句子,可以使用被动句,或者增加形式主语。

原文:要充分重视自然科学理论,包括现代数学、高能物理、分子生物学等基础理论的研究……

译前编辑:自然科学理论要充分被重视,包括现代数学、高能物理、分子生物学。

必应机翻：Natural science theories should be fully valued, including modern mathematics, high-energy physics, and molecular biology.

原文：忽视这一点，就不能掌握和运用世界上先进的科学技术成果，不能很好地解决我国建设中遇到的问题。

译前编辑：否则，世界上先进的科学技术成果就不能被掌握和运用，我国建设中遇到的问题也不能很好地被解决。

Otherwise, the world's advanced scientific and technological achievements will not be mastered and applied, and the problems encountered in China's construction will not be well resolved.

第三节　译后编辑实践平台

一、Yicat 翻译平台

Yicat 由上海一者信息科技有限公司自主研发，其网址为 https://www. yicat. vip/edu。用户注册之后，进入平台进行翻译项目的设置。

1. 登陆 Yicat 翻译平台

2. 点击"新建项目"

点击"项目管理"，完成基本信息的填写，如项目名称、截止时间、源语言和目标语言、领域分组、项目模式和工作流。其中的项目模式可以选择普通或者作业，工作流可以选择翻译、翻译＋审校、翻译＋审校＋校对、译后编辑等不同模式。根据需求，点选"开启译审同步"。

3. 机器翻译引擎设置

根据需要完成 AI 助手、翻译记忆库、术语库、机器翻译引擎、预翻译、重复与锁定、质量保证、自定义词典、语言质量保证等方面的设置。其中该翻译平台较为有特色的是加载了 22 种机器翻译引擎，其中包括 ChatGPT、谷歌翻译、DeepL、百度翻译、有道翻译、讯飞翻译、小牛翻译、腾讯翻译君、阿里翻译、腾讯的交互式机器翻译、火山翻译以及垂直领域的阿里医疗翻译、阿里电商翻译、同花顺金融翻译等。用户可以根据文本的领域类型，选择合适的机器翻译引擎。

4. 任务分配

完成项目设置之后，可以进行该项目成员的任务分配，需要提前将项目成员邀请至项目组。根据原文的字数拆成多份任务,可以平均分字数,也可以根据需要进行具体的句段设置。设置之后,点击"拆分",完成后,在"操作"功能区选择分配、拆分或预览。点击"分配",选择译员,然后点击"确认分配"就可以进行任务分配了。

5. 翻译编辑

点击原文本的文件进行翻译编辑,在译文区进行译后的编辑修改,每一句段完成后,需要按回车键,右侧的机器翻译显示区就会出现绿色的对号,同时该句段的双语就存在该项目的翻译记忆库中了。同时,可以查看机器翻译的等级评估,评估最优为 S,然后依次是 A、B、C 等级。在翻译的过程中,可以添加双语的术语至术语库。

6. 提交或导出文件

翻译结束后,可以根据需要点击"提交"或者"导出"文件,导出的文件可以选择目标文件、双语文件、跟踪修订、原文以及 TMX 格式的翻译记忆库文件。

二、试译宝译后编辑实践平台

试译宝由北京语智云帆科技有限公司开发,其网址为 http://mtpe. shiyibao. com。用户注册之后,进入平台进行任务领取,所翻译的字数可以生成证书。登录译后编辑平台后,进入"学生实践任务领取大厅",选择需要翻译的类型与语种,预览所选任务,完善用户信息,包括姓名、学校、班级、学号、指导老师等。进入译后编辑练习。完成后点击"提交"。

思政价值

本章的思政价值主要体现在"科学精神"与"职业素养"两个模块。

在"科学精神"思政元素模块中,培养学生勇于探究的精神,在了解机器翻译技术发展的基本情况后,可以继续关注机器翻译技术潮流,保持一份好奇心与不断学习的心态,接受新技术并应用于翻译实践中。同时,比较世界其他国家与中国目前机器翻译技术的发展水平,思考技术发展对于国家综合竞争力的地位影响,拓展学生的国际视野,增强使命感。

在"职业素养"思政元素模块中,培养学生密切关注行业发展,了解目前翻译工作的模式,可以登录招聘网站,查看相关职位招聘的具体要求,为毕业后就业做好相应的准备。就语言服务行业来讲,翻译工作模式已经从传统的人工翻译转变为机器翻译＋译后编辑,并升级到交互式智能翻译平台工作。因此,译者也应该紧跟技术潮流,为今后的职业发展做好相应的准备。同时,强化工匠精神教育,将新时代的社会公德、职业道德、家庭美德和个人品德融入工匠精神,培养学生"执着专注、精益求精、一丝不苟、追求卓越"的大国工匠风范。

本章思考题

1. 请登录招聘网站,搜寻有关译后编辑译员的招聘信息。

2. 请选一篇医学保健文本做英译汉练习,并使用 LanguageX 平台比较多款机器翻译的结果,选出一款可以应用于该文本的机器翻译。

3. 请找一篇新闻报道,先用机器翻译一遍,然后对翻译结果不理想的地方,进行译前编辑,再用机器翻译,比较译文的差异性。

4. 请使用试译宝译后编辑平台,完成 1 000 字的译后编辑练习。

5. 请使用 Yicat 平台,完成一篇医学学术论文节选的 2 000 字译后编辑练习。

第十一章

光学字符识别与语音识别

导　语

在现实翻译行业中,译者所得到的翻译任务可能是一本纸质版的书籍,可能是 CAD 工程图,也可能是 PDF 格式电子手册,面对不同形式的材料,译者在正式开始翻译前应该如何处理呢？ 本章将讲述翻译前文本处理的技巧,这也是职业译者需要掌握的必备计算机辅助翻译技术之一。 如果想要使用计算机辅助翻译软件进行翻译任务,就必须保证待翻译文本为计算机可编辑的电子文本格式。

第一节　文件格式

译者得到的电子格式文件并不都是可以直接进行编辑,有的将其先转化为可编辑的文本格式文档,然后再开始翻译。下面将介绍文件的不同格式,包括文本格式、PDF 格式、图片格式、字幕格式、本地化相关格式等。

一、文本格式

对于译者来讲,文本格式是最易于编辑的文件格式。大多数文本格式文件都允许使用者进行复制、粘贴等操作对其进行编辑。常见的文本格式包括以下方面。

1. 纯文本格式

纯文本文件的后缀名一般为 txt,例如 Windows 系统下的记事本文件。此格式文件包含极少格式信息,读取文字的程序基本上都可以读取这种文本格式。

2. Microsoft Word 格式

微软公司开发的 Word 文件后缀名为 doc(Word 1997—2003 版)或是 docx(Word 2007 版及以上版本)。Word 文件也是译者最常用的文本编辑格式。如果译者使用 Microsoft Office 中的 Word 软件打不开此文件格式,需要考虑是否需要升级更高级版本。

3. WPS 文字格式

WPS 文字文件的后缀名为 wps,是由金山公司开发的文本文件格式,与 Microsoft Word 可以兼容使用。

如果译者接到以上文本格式文件,不需要转换格式等操作。

二、便携式文件格式

便携式文件格式(portable document format,简称 PDF)由 Adobe System 开发。该格式文件支持跨平台使用,不论在何种操作平台下打开使用都可以保证与初始编辑文档版面外观完全一致。该格式文件使用广泛,也是译者经常接触到的翻译文件格式,可由 Adobe Acrobat Reader、Foxit Reader 等软件打开,但不允许在 PDF 格式下进行修改。该格式文件根据形成途径分为扫描生成的文件和文档转换生成的文件。

1. 扫描版

通过扫描仪生成的 PDF 文档,相当于图片,其文字是不可编辑的,这时需要使用 OCR(光学字符识别)软件进行文字识别,然后进行编辑。

2. 文档转换版

由文档转换生成的 PDF 格式文件,分为加密文件和没有加密文件。如果不是加密文件,可以直接复制到 Word 文档中进行编辑。如果是加密文件,将无法在 PDF 文档上直接复制,需要应用软件将 PDF 转为 Word 格式文档再进行编辑。

三、图片格式

译者得到的翻译文件可能是图片文件或是软件制图文件,这两种图片格式文件处理方法不同,因为前者属于位图,后者属于矢量图,它们是图片格式的两种形式。

1. 位图

位图又称为像素图,是由像素的单个点组成,每个点的亮度色彩等值单独记录。译者得到的翻译文件很可能是通过照相机、扫描仪或是计算机截屏所生成的图片文件格式,这都属于位图,其常见格式为 bmp、png、jpg、tiff 等。要想从图片中获取文字,需要先用 OCR 软件进行文字识别,然后进行编辑。

2. 矢量图

矢量图是用线段或其他几何图形描绘图像,是使用计算机软件形成的图片文件。由于它放大后不会失真,适合用于图形设计和版式设计等,其常见格式为 swf、svg、wmf 等。cad 工程制图也属于矢量图,其格式为 dwg。翻译 cad 图纸有两种方法:其一是先用 cad 软件把需要翻译的文字导出来,翻译之后再插入进去,但处理相对烦琐;其二是应用一些 cad 翻译软件,翻译后软件可以直接生成 CAD 图纸格式,如译马网提供 cad 图纸翻译平台。

四、格式转换软件

Solid Converter 是一款专业 PDF 转换软件,可提供 PDF 格式文件和 Word 格式文件之间的相互转换,支持包括简体中文在内的 15 种语言。此外,它还可以将 PDF 中的图片或表格提取出来,方便用户进一步编辑。下面介绍 Solid Converter 将 PDF 格式文件转成 Word 格式文件的具体操作。

1. 载入需要转换的 PDF 文件

运行软件,在"开始"提示框中单击"打开 PDF",选择 PDF 文件所在位置载入文件。

2. 选择格式

PDF 文件载入界面之后,选择需要转换成的文件格式,选择项包括 Word、Excel、Text、Powerpoint、html、图片等。选择 Word,单击 PDF 至 Word。命名 Word 文档,选择保存位置,这样完成了 PDF 转成 Word 文档。

第二节　光学字符识别

当译者接到的翻译任务为纸质版文稿或图书等材料时,需要在翻译前对这些材料进行处理,将其转化为计算机可读的电子格式文件,此过程称为文本获取。文本获取的方法主要有两种:光学字符识别与语音识别。

一、光学字符识别介绍

光学字符识别,其英文全称为 optical-character-recognition(OCR)。其原理为通过检测暗、亮的模式确定其形状,然后用字符识别的方式将其转化为计算机可读的文字,其功能好比让计算机认字,因此也会存在一定误差,并且不同软件针对不同语言误差也有差异,需要用户后期修改。将材料进行扫描或是拍照,得到 PDF 或是图片格式电子文件,然后用 OCR 工具软件将其转换为可编辑的文本格式。表 11-1 为有代表性的 OCR 软件工具列表。第一类为专业 OCR 工具,第二类为具有 OCR 功能的软件,这两类都是电脑桌面版本。第三类为手机APP,拍照方便,操作简单。

表 11-1　OCR 软件工具列表

OCR 工具类别	软件工具名称
专业 OCR 工具	ABBYYFine Reader、汉王 OCR、清华紫光 OCR
具有 OCR 功能的软件	中国知网 CAJViewer、Microsoft OneNote 2010
手机 APP 的 OCR 工具	TextGrabber、扫描全能王(CamScanner)、Scanner with OCR

二、OCR 软件操作

译者最常遇到的是 PDF 格式文件,正如上面谈到的 PDF 文档分为由文档生成和扫描获得两种类型:第一个类型的文件可以用格式转换软件转成可以编辑的 Word 文档;而第二类扫描获得的 PDF 文件,相当于图片格式,PDF 转Word 软件一般无法读取完成,需要使用 OCR 软件识别文字。对于拍照或是屏幕截图等获取的图片也需要使用 OCR 软件先进行文字识别,然后再编辑。下面将介绍两款 OCR 软件的操作:ABBYYFine Reader 和中国知网 CAJViewer。

1. AbbyyFine Reader

AbbyyFine Reader 是一款专业的光学字符识别软件,由 ABBYY 俄罗斯软件公司开发,支持 190 多种语言,其识别快速精确,用于将已扫描文档、PDF 文档和图像文件转换成可编辑的文本格式。AbbyyFine Reader 12 比以往的版本多了转换成 Excel 文件的功能。AbbyyFine Reader 12 基本操作如下。

（1）载入需要识别的文件。打开软件，选择常用语言，可选择"简体中文和英语"，如果已经扫描或拍照取得 PDF 或图片文件，在任务栏中选择右上角的"图像或 PDF 文档到 Microsoft Word"，如果需要扫描，单击左侧的选项"扫描到 Microsoft Word"。然后载入需要识别的文件。除此之外，软件还提供处理 Microsoft Excel、Adobe PDF 等文件的相关功能。

（2）系统载入文件后开始进行文字识别，完成后直接生成一个新的 Word 文档。同时软件主界面显示识别结果。如果对自动识别结果不满意，可以手动选取区域，单击工具栏中的"读取"进行再次识别。

（3）保存文档。单击工具栏上面的"保存"，可选择保存类型 Word、Rtf、Excel 等。

2. 中国知网 CAJViewer

中国知网 CAJViewer 可以阅读中国期刊网的 CAJ、PDF、KDH、NH、CAA、TEB 等格式文件，并且在软件包中使用了清华文通的 OCR 识别技术。下面为中国知网 CAJViewer 的 OCR 功能操作。

（1）打开软件，单击右侧任务栏里的"打开"，或通过菜单项里的"打开"加载该文档。

（2）单击菜单项"工具-文字识别"，当前页面上的光标变成文字识别的形状，按下鼠标左键并拖动，可以选择页面上的一块区域进行识别，识别结果将在对话框中显示，允许手动修改。

（3）单击"复制到剪贴板"或是单击"发送到 WPS/Word"进行下一步编辑。

此外，随着智能手机的技术发展，很多品牌的手机自带 OCR 功能，如苹果手机、华为手机中的图片可以点中后自动提取文字。

第三节　语音识别

语音识别（voice recognition）是指人通过声音与计算机交流，这种文本获取的方式代替了键盘输入。语音识别技术基本原理是计算机把人的话音转换成声音信号，经过计算机比对已储存的已有声音信号，转变为相应的文本或命令。过去的语音识别软件对说话者输入的语音标准性要求较高，语音识别的错误率也比键盘输入高。但经过近些年来计算机技术进一步的发展，语音识别软件的开发也逐渐成熟,语音识别技术的准确性也逐渐提高。语音输入将会帮助译者高效完成纸质版文字转换为电子文本的任务。

桌面语音识别中文的软件有苹果 Mac OS 10.12 系统的 Siri、Windows 10 的 Cortana 等。手机语音输入软件有苹果手机 iOS 系统的 Siri、百度语音、搜狗语音、讯飞输入法等,其中讯飞输入法对中文的语音识别率较高,支持多种方言。

一、苹果手机 Siri

Siri 语音助手是苹果公司开发智能语音功能,支持手机 iPhone 和电脑 Mac 语音输入功能,支持中文的 Siri 需要在 iOS 系统 6.0 以及更高版本或是 Mac OS 系统 10.12 以及更高版本,下面是苹果手机使用 Siri 语音输入的操作:准备好语音输入的材料,在苹果手机上打开"Pages",或者备忘录,新建一个空白文档;在键盘的底部一排有一个小麦克标志,单击此标志,就可以说话了;说完之后语音即可生成文字保存在文档中。需要说明的是,苹果的语音识别不会自带标点符号,但可以将其读出,使其显示在文中。

二、讯飞语音输入法

讯飞语音输入法是由科大讯飞公司推出的一款集语音、手写、拼音、笔画、双拼等多种输入方式于一体的输入法,适用于智能手机、平板电脑、电脑等终端设备,支持电脑桌面版、iOS 版、Android 版等,支持普通话、英语及粤语、四川话、河北话、河南话、湖南话、天津话、山东话、东北话等多种方言语音识别。在中文语音识别方面,相对苹果 Siri 语音助手,讯飞语音识别准确率更高,讯飞官方数据为语音识别率超过 95%,并且自带互译语音输入功能,如选择中译英语音输入时,输入中文语音,直接显示译成的英文。此外,讯飞语音输入含有自动生成标点符号的功能。下面以讯飞语音输入法 iOS 版为例说明其语音识别的操作步骤:

1. 软件下载

(1)进入 APP Store 应用商城,搜索讯飞输入法并下载。

(2)在苹果手机上依次点"设置">"通用">"键盘">"添加新键盘",在列表中选中"讯飞输入法",之后点"讯飞输入法",打开"允许完全访问"开关。

2.语音输入

（1）在苹果手机上打开"pages"或者备忘录，新建一个空白文档。

（2）按键盘上的"地球键"，切换至讯飞输入法。

（3）如果是普通话输入，直接开始语音输入即可，如果是其他方言，可以单击选择。也可以选择讯飞"随身译"功能，实时翻译，例如选择中译英，语音输入中文，文本上显示的是翻译成的英文。

（4）完成之后点"说完了"，语音输入的结果就显示在文档中了。

第四节　识别技术的应用

利用光学字符识别与语音识别技术，结合机器翻译可以应用于很多产品的开发。

一、拍照翻译

很多翻译软件开发了拍照翻译与语音翻译功能。拍照翻译通常模式为拍下需要翻译的文字，翻译软件将先对照片上的文字进行识别，然后输出翻译结果。百度翻译、有道翻译、金山词霸等还具备在手机拍摄屏幕上对焦取词翻译的功能。

谷歌翻译（Google Translate）含有即时翻译（live translate）模式，即对准哪里翻译就马上显示出来。用户只需打开相机，对准要翻译的文字内容，译文立刻就会出现在原文本的位置上，并且文字的粗细、色彩等几乎与原文本的样式保持一致，给用户一种来到目的语世界的错觉。目前谷歌的实时拍照翻译功能支持包括中文在内的 27 种语言，适合旅游者翻译指示牌与路标等，但对字数较多的文本，翻译处理效果不佳。

二、语音翻译

语言翻译是先识别语音，将其转化为文字进行翻译，然后再将翻译结果以语音形式表达出来。谷歌翻译和微软翻译（Microsoft Translate）实现同一界面下两种语言交流翻译功能，即不需要反复切换设置语言，就可以实现语言互译，辅助用户语言无障碍交流，微软翻译还具备多用户同时交流翻译功能。微软翻译将实时语音翻译应用到 Skype 全球聊天工具上开发了 Skype Translate。国内科大讯飞公司近些年研发的讯飞语音输入法可以识别中文的多种方言,识别率高。讯飞输入法的"随声译"功能可以将语音输入实时翻译成目标语言并以文字的形式显示在文本中。此外,还有一些手机应用APP也开发了实时语音翻译功能,如Otter、讯飞听见、小爱同学、亲爱的翻译官。其中Otter每月免费转录600分钟,小爱同学是免费的同声传译。

此外,AI同传技术借助语音识别技术,将语音进行翻译后再合成输出AI语音,比如,上海联现信息科技有限公司开发的"亲爱的翻译官"同声传译翻译耳机利用人工智能技术实现实时翻译。咪鼠科技有限公司的咪鼠智能语言键盘与咪鼠智能鼠标,都加载了智能语音功能。咪鼠M5 Pro版智能鼠标汇集语音打字、OCR截图、智能翻译与上网导航等四大智能功能,其中语音键可以做到1分钟识别400字,达到98%的识别准确率,支持20多种方言与主要外语种类。

思政价值

本章的思政价值主要体现在"科学精神"模块,培养学生勇于探究的精神与创新精神。在本章教学中,培养学生掌握光学字符识别技术以及语音识别技术,可以通过引导学生对比不同识别工具,比较其操作特点以及功能差异,形成技术思维,并可以应用技术思维解决问题。同时,译者应该紧跟技术潮流,保持好奇心与接受新鲜事物的心态,不断尝试,在翻译实践中选择合适的技术工具。创新精神作为科学精神的本质要求,要敢为人先,追求卓越,不畏挫折,敢于试错。鼓励学生申请大学生创新项目,运用所学的专业知识提出新问题,探索新路径,提升创新能力,为国家创新驱动发展贡献力量。

本章思考题

1. 请应用 Solid Converter 软件将一份 PDF 文档转换成 Word 文档。

2. 请拍下英文书的一页,并使用 ABBYYFine Reader 将其转换成 Word 文档。

3. 请分别应用苹果语音助手 Siri 和讯飞输入法,完成一篇 300 字的中文合同的语音输入,并比较其正确率。

4. 请探索拍照翻译与语音翻译的操作,并分析所应用的技术有哪些。

5. 思考如何结合专业学习内容,申请一项大学生创新项目。

第十二章
人工智能技术的应用

导　语

　　人工智能在翻译上带来了革命性改变。传统的翻译方法需要人工进行逐字翻译,工作量大、耗时长,并且需要专业翻译人员具备丰富的语言知识和翻译经验。而基于人工智能技术的翻译方法,通过神经网络、深度学习等算法的不断优化,逐渐实现了自动翻译、智能翻译和个性化翻译,从而大大提高了翻译效率和准确性。本章将介绍人工智能在大语言模型、语言服务平台以及视频字幕翻译方面的应用。

第一节　人工智能与翻译

　　人工智能,英文简称 AI(artificial intellence),是研究、开发用于模拟、延伸和扩展人的智能的理论、方法、技术及应用系统的一门新的技术科学。人工智能翻译是借助新时代的人工智能科技,将其与机器翻译技术融合而成的一种新型翻译技术,是对机器翻译的延伸与拓展。

　　人工智能可以说在翻译上带来了革命性改变。基于人工智能技术的翻译服务可以通过神经网络、深度学习等技术手段,通过大量的语料库和训练数据,逐渐掌握不同语言之间的语法、词汇和表达方式,从而实现更加准确和自然的翻译结果,不断提高翻译质量和效率。传统的翻译方式需要专业的翻译人员手动进行翻译,需要耗费大量的时间和人力成本,而基于人工智能技术的翻译服务可以在瞬间完成翻译任务,并且可以随时随地提供服务,从而大大降低翻译成本和提高效率,并且可以广泛应用于不同领域和场景,如智能客服、机器翻译、自然语言处理等。其具体表现分为以下三个方面:自动翻译、智能翻译和个性化翻译。

首先,自动翻译的功能。人工智能可以自动分析语言的结构、语法和词汇,实现自动翻译,这个过程不需要人工干预,可以大大节省时间和人力成本,提高翻译效率。

其次,智能翻译的功能。通过对大量语料库的分析,人工智能技术学习不同语言之间的语义关联和语境差异,实现更加准确和自然的翻译结果。

最后,个性化翻译。通过对用户历史翻译记录的分析,人工智能可以逐渐了解用户的语言习惯和表达方式,从而提供更加个性化的翻译结果。这种个性化翻译可以提高翻译准确性和用户体验,满足不同用户的需求。

第二节 大语言模型工具

大语言模型,简称 LLM(large language model),是自然语言处理领域的前沿成果。自然语言处理,简称 NLP(nature language processing),该技术被广泛应用于搜索引擎、智能客服、机器翻译、舆情监测、自动摘要等领域。人工智能生成技术,简称 AIGC(artificial intelligence generated content),是指经过训练模型和大量数据学习,接收指令后生成发出者想要的内容,比如美国 OpenAI 研发的 ChatGPT 和 GPT-4,国内百度的"文心一言"、阿里"通义千问"以及商汤科技"商量"、清华大学 ChatGLM 等都属于预训练生成式通用性大语言模型。通用性是指模型不局限于某一行业或细分领域,旨在理解和回应常识性、通用性问题。AIGC 工具具备多模态能力,包含文字、图片、语音和视频等多种模态。下面将具体探讨美国 OpenAI 研发的 ChatGPT 和百度"文心一言"。

一、ChatGPT

作为一款火到"出圈"的 AI 聊天机器人,ChatGPT 是美国 OpenAI 研发的聊天机器人程序,2022 年 11 月 30 日发布。ChatGPT 是人工智能技术驱动的自然语言处理工具,它能够通过理解和学习人类的语言来进行对话。作为一种基于人工智能技术的语言模型,ChatGPT 具有以下主要功能。

1. 对话功能

ChatGPT 可以进行智能对话，与用户进行自然语言交互，回答用户的问题、提供建议和解决问题。

2. 语言生成功能

ChatGPT 可以生成文本，包括自然语言描述、文章、摘要、答案等。

3. 文本分类功能

ChatGPT 可以对文本进行分类，将文本归为不同的类别，如情感分类、主题分类。

4. 文本摘要功能

ChatGPT 可以对一篇文本进行自动摘要，提取文本中的重要信息，生成简短的摘要。

5. 机器翻译功能

ChatGPT 可以进行机器翻译，将一种语言翻译成另一种语言。

6. 语音合成功能

ChatGPT 可以将文本转换成语音，生成逼真的语音合成结果。

7. 自然语言处理功能

ChatGPT 可以进行自然语言处理，包括分词、命名实体识别、情感分析、语言模型训练等。

二、文心一言

文心一言是百度研发的知识增强大语言模型，能够与人对话互动，回答问题，协助创作，高效便捷地帮助人们获取信息、知识和灵感。

官网（https://yiyan. baidu. com），需要注册百度账号之后申请使用。

下面介绍文心一言的六大应用场景。

1. 文学创作

写作文、写诗、写新闻、写小说。

2. 商业文案

广告文案、营销文案、商业计划书。

3. 科学研究

化学生物实验、代码编程、论文写作。

4. 法律领域

法律文书、法律知识、法律咨询。

5. 金融财经

金融证券、银行保险、投资理财。

6. 其他领域

教育、医疗、艺术、文化、社交、情感。

三、Prompt 提示词

在 AIGC 工具使用时,Prompt 提示词至关重要,它是与 AIGC 工具沟通的桥梁。想要 AIGC 智能工具更好地提供生成内容,首先需要使其明白我们的意图。例如,输入"大连哪里好玩",其结果可能并不如你意。如果换成"现在是夏季,我是一名游客,请制作一份大连五天旅游的行程规划",这样才能有效地与智能工具进行沟通,得到更有价值的结果。

这里介绍一种流行的结构化思维框架 BROKE。B 代表 Background(背景),先设定场景;R 代表 Role(角色),你来设置 AI 在此场景的角色;O 代表 Objectives(目标),清晰阐述目的;K 代表 Key Result(关键结果),描述你的期望具体结果;E 代表 Evolve(试验并改进),多次修改,找到最佳方案。

第三节 人工智能语言服务平台

在 AI 技术驱动下,翻译工具集成化程度显著增强,提供集成工作环境,尽可能地囊括翻译流程中所需的功能,将客户沟通、项目管理、术语管理、语音识别、机器翻译、翻译记忆、审校、质量保证、交付、语言资产管理等功能集成,避免用户在各个软件之间切换,操作更加方便。下面将介绍有道智云 AI 开放平台。

一、有道智云 AI 开放平台

有道智云 AI 平台(https://ai.youdao.com)是网易有道旗下提供自然语言翻译服务、智能视觉服务、智能语音服务和智慧教育服务四大模块的一体化平台。

1. 自然语言翻译服务

该模块主要针对文本翻译、图片翻译、语音翻译、实时语音翻译、文档翻译以及网页翻译。应用业界顶尖的神经网络翻译,支持上百种语言的自动识别与互译,支持离线。可翻译复杂光照下拍摄的图片,自动识别语种,支持离线。支持实时语音翻译,支持86种语言的互译,智能断句,实时动态纠错。文档翻译可以保持文档样式高度还原,每秒4 000字符高速翻译。有道智云网页翻译基于神经网络翻译引擎,可以对html标签解析,翻译所需内容。下面以图片翻译为例展示其平台翻译效果,图片翻译的文字准确且排版与原图基本一致。其中的"确定"翻译成"OK",符合使用语境。

2. 视觉智能服务

该模块提供智能视觉服务,包括文字识别、图像识别、表格识别,可以将图片上的文字识别为可编辑的文本信息,并且支持多种语言文字识别。通用文字识别实现高精度定位、识别多场景下的文字,支持多种语言文字智能识别。手写体文字识别支持将图片上的手写体文字识别为可编辑的文本信息。表格识别能够智能定位并识别表格结构及表格文字内容,结构化输出可编辑的表格结果。自定义模板文字识别使用户可自助标记模板标识区创建模板,智能识别该版式下的图片。整体识别将自然场景下图片上的题目文字、数字及公式信息,智能识别为可编辑的文本信息。其产品优势为识别精准度高,且支持多语种混合识别。

3. 智能语言服务

该模块提供智能语音服务,包括文本转语音和语音识别,可以将多种语言的语音内容转换为文字,并且可以自定义语音引擎,定制自己的声音模型。语音合成是将文本转语音,选择不同声音特征的人物说话,可以选择中文或者英文语音合成,发音流畅、清晰、自然。短语音识别是基于业界领先的深度学习算法,可将多种语言的语音内容转换为文字。实时语音识别可将连续音频流实时识别为文本信息并返回对应文字流。语音评测基于网易有道在教育领域十余年的积累,推出了多款面向教育领域的AI服务。个性化语音定制是基于网易有道的语音识别技术,通过上传少量录音,训练语音引擎定制自己的声音模型。

4. 智慧学习服务

有道智云 AI 还提供智能写作助手,包括语法纠正、专八翻译、智能写作建议,可以提供全面的文章写作指导建议。英语作文批改基于深度学习技术,从数十个维度对英语作文进行批改,给出评分、评语、纠错等结果。中文作文批改基于深度学习网络技术的自动作文批改技术,向用户提供全面的文章写作指导建议。题目识别切分服务是一种基于人工智能技术的服务,旨在自动地识别和切分文本中的题目。试卷手写笔迹擦除服务可以将图片自动识别并且去除图片上的手写作答痕迹,返回完整的空白试卷的版面信息。例如可以体验一篇英语论文摘要,查看其批改功能。

第四节　视频字幕翻译

传统的字幕翻译通常需要字幕的文本翻译、编辑字幕和时间轴以及压制视频等步骤。在人工智能时代,字幕翻译从传统的多步骤操作转为"AI 听译 + 人工校对"一体化工作平台模式,如 Arma、人人视译界、网易见外、火山翻译等字幕翻译平台可以将语音识别技术、转写技术、机器翻译技术融为一个平台完成。下面将首先介绍视频字幕翻译的基础知识。

一、字幕翻译介绍

字幕翻译(subtitling)是在保留视频原声和画面的前提下,将源语言翻译为目的语,并且将字幕置于屏幕下方的过程。字幕翻译属于多媒体本地化重要的一部分,字幕可以分为硬字幕和软字幕,见表 12-1。

硬字幕是将字幕叠加在视频画面上的字幕,只要可以播放视频就可以显示字幕,但不易修改;而软字幕可以在不破坏视频画面的前提下进行修改。软字幕可以分为内挂字幕和外挂字幕,内挂字幕文件封装进视频,看不见字幕文件;而外挂字幕独立于视频文件,是单独的字幕文件,在不破坏视频的同时可以更改字幕语言。字幕文件分为图形格式与文本格式,通常来讲硬字幕属于图形字幕格式,其文件格式类型有 sub、sst、son 等,通常较大,不便修改;而外挂字幕通常属于文本字幕格式类型,字幕格式有 srt、ssa、ass 等,其中 srt 格式字幕是比较常见的,可以用笔记本打开,其组成为一行字幕序号、一行时间代码、一行字幕数据。下面的例子是美剧《绿箭侠》的一段字幕编辑文本,含义为该字幕为视频中第 4 个字幕,显示时间从影片开始的第 00:00:06,326 到第 00:00:08,260,播放时字幕就显示为"To save my city."。

4

00:00:06,326 -- > 00:00:08,260

To save my city.

另外,内挂软字幕可分离字幕进行编辑、修改,但将视频与字幕打包成一个文件,格式有".vob"".mkv"".avi"等。

表 12-1 视频字幕分类

字幕分类		格式类型
硬字幕		sub、sst、son
软字幕	内挂字幕	vob、mkv、avi
	外挂字幕	srt、ssa、ass

视频字幕的翻译流程包括视频源资源的获取,字幕获取以及字幕翻译,校对,后期制作等。常见字幕工具分为字幕制作与编辑和字幕翻译,见表 12-2。

表 12-2 视频字幕工具

用途	软件名称
字幕制作与编辑	Aegisub、anSuber、PopSub、SubCreator、Sub Station Alpha、Subtitle Workshop、Time Machine、Visual Subsync
字幕翻译	Open Subtitle Translator、SRT Translator、Subtrans、字幕通、网易见外平台、人人译视界、火山翻译、讯飞听见、绘影字幕

二、网易见外工作台

网易见外是网易自主研发的语音识别技术与神经网络机器翻译技术整合的 AI 智能语音转写听翻平台,极大地提升了视频字幕制作效率。该平台支持视频翻译、视频或语音转写、字幕翻译、文档翻译、语音翻译、图片翻译以及会议同传等八大模块的服务,在 AI 技术加持下,可以进行一键生成双语字幕。网易见外支持语言是英语与中文,即中译英或者英译中。每日免费可以使用的音频或视频时长为 2 小时。下面将以视频翻译功能为例,讲解具体操作。

1. 注册及登录工作台

(1)登录网易见外工作台(https://jianwai.youdao.com),如果有网易邮箱账号可以直接登录,如果没有网易邮箱账号,可以先去注册,然后再登录。

(2)登录后,单击右侧的"新建项目",进入具体项目的操作台,如操作"视频翻译",单击其模块即可。

2. 视频翻译操作

(1)填写项目名称。

(2)添加视频,该平台支持 MP4 格式,视频大小在 2GB 之内。如果现有视频格式不是 MP4,需要先完成格式转换。

(3)选择翻译语言,比如选择英译中或者中译英。

(4)单击提交。

(5)提交后需要等待机翻,15~20 分钟。

(6)查看结果,机翻后便可以点击该项目进行详细查看。

(7)在线校译。页面左侧显示的是视频以及已经翻译完的中英字幕,右侧显示的是中英字幕。中英字幕可以进行人工校对,直接把光标放在需要修改的字幕位置即可进行修改。

(8)导出字幕。单击右上角"导出",可以选择导出的字幕类型。

如果想合成加载字幕的视频,可以使用字幕编辑软件,将刚才翻译的字幕与视频进行合成处理。

三、ArcTime 字幕编辑软件

Arctime Pro 是一款简单、强大、高效的跨平台字幕制作软件,可以快速准确地创建和编辑时间轴,并赋有 AI 语音识别、AI 自动打轴,以及完成 AI 语音合成的技术。同时其机器翻译可以快速进行语言转换,支持导出多种字幕格式到高质量视频,但其增值服务需要购买积分获取。下面的操作场景是已有字幕和视频,需要完成合成加载字幕视频的操作。

1. 下载安装软件

ArcTime(https://arctime. org),登录后可选择适合电脑配置的下载包,解压缩后安装。

2. 加载视频

点击"文件",在下拉菜单中选择"导入音视频文件",导入所选视频。

3. 导入 srt 字幕

在"文件"导航栏中选择"导入 srt 字幕",之后会展示"文件内容预览",然后单击"继续"。在"导入到分组"菜单设置中根据需求设置参数,然后点击"确定"。

4. 压制视频

在导航栏中选择"导出",然后根据需要选择压制视频的格式。之后根据需要修改参数,如果不需要修改,单击"开始转码"即可。等待之后,一个压制成双语字幕的视频就制作完成了。

四、火山翻译

火山翻译是字节跳动公司开发的一款在线翻译系统,依托百亿级数据积累和行业前沿算法,火山翻译向企业客户提供在线翻译、翻译 API、视频翻译、火山同传、网页翻译等服务,适用于直播同传、海外内容翻译等场景。

该平台(https://translate.volcengine.com/translive)具备实时识别语音、生成文本、自动翻译、输出双语字幕等功能,可以更好助力视频翻译。该平台提供跨语言视频一站式创作,包括轻松听译、智能打轴、交互式编辑、自动配音和字幕导入等功能。如使用需要填写在线申请表格。

五、视频处理相关技巧

在进行视频字幕翻译前,需要首先获取格式符合要求的视频文件,这就好比在使用 CAT 工具进行翻译前,需要进行文档格式的处理。具体的相关技巧包含视频获取、视频格式转换以及视频剪辑,见表 12-3。

表 12-3 视频处理工具

视频处理工具类别	具体工具
视频下载或解析	硕鼠(FLVCD)、FVD Downloader
视频格式转换	格式工厂、爱拍视频转换
视频剪辑	爱拍剪辑、蜜蜂剪辑、剪映

有关视频的合理获取,请确保在版权允许的范围内使用视频下载工具,如硕鼠(FLVCD)网站、360 安全浏览器的 FVD Downloader 插件等,但这些工具也有不支持的视频网站。视频下载工具所获得的视频格式,可能在后期有些字幕

工具并不支持,因此需要借助视频格式转换工具才能使用,如格式工厂、爱拍视频转换等。最后,如果视频需要剪辑处理,可以使用的工具有爱拍剪辑、蜜蜂剪辑、剪映等。

思政价值

本章的思政价值主要体现在"社会责任"与"科学精神"模块。

在"社会责任"思政元素模块中,体现数字社会责任,遵循数字伦理或信息伦理规范,如隐私权问题、个人信息权益等。在数字时代信息传播伦理中,维护国家安全,遵守互联网法律法规,如《中华人民共和国网络安全法》《中华人民共和国个人信息保护法》以及《中华人民共和国数据安全法》。同时,提高自身网络信息免疫力,在网络使用过程中抵抗不良信息,抗击各种诱惑与干扰。

在"科学精神"思政元素模块中,培养学生自主学习的能力。本章紧跟翻译技术潮流,探讨了人工智能在翻译上带来了革命性改变,包括大模型语言AIGC生成工具、智能语言服务平台、影音翻译平台等,培养学生保持好奇心与接受新鲜事物的心态,不断尝试应用翻译实践中的新技术、新工具、新平台等,培养学生形成自主探索、自主学习的终身学习能力。同时,讲述中国古代科技为人类文明所做出的巨大贡献和新时代十年中国科技发展所取得的非凡成就,挖掘所蕴含的科学精神、工匠精神,注重科学精神与人文精神,培养学生求实、探索、理性和怀疑的科学精神。

本章思考题

1. 请谈谈人工智能对翻译服务的影响,你是如何看待"AI将取代人工译者"这个观点。

2. 请使用百度"文心一言",并谈谈如何使用AI语言模型帮助解决相关问题。

3. 练习网易见外工作台中的"视频转写"和"字幕翻译"模块的操作。

4. 请探索火山翻译的视频翻译功能或者探索人人译视界工具的视频翻译。

5. 请探索视频处理工具的操作,如视频下载、视频格式转换以及视频剪辑。

6. 请结合本学期课程,谈谈你对译者信息素养的理解。

7. 问卷:请评估目前你的信息素养水平(1 为最弱,5 为最强)。

第一题:在翻译实践过程中,你认为自己具备的信息意识级别如何,请给自己打分(1～5 分)。

第二题:在翻译实践过程中,你认为自己具备的信息技术级别如何,请给自己打分(1～5 分)。

第三题:在翻译实践过程中,你认为自己具备的信息伦理级别如何,请给自己打分(1～5 分)。

第四题:在翻译实践过程中,你认为自己解决信息问题能力的级别如何,请给自己打分(1～5 分)。

第五题:在翻译实践过程中,你认为自己对知识体系的重构能力级别如何,请给自己打分(1～5 分)。

附录一

翻译技术英汉术语列表

alignment 对齐

annotated corpus 标注语料库

AIGC（artificial intelligence generated content）人工智能内容生成

bilingual corpus 双语语料库

BYU corpus 杨百翰大学语料库

comparable corpus 对比语料库

computer aided translation 计算机辅助翻译

Common Sense Advisory 卡门森斯顾问

corpus 语料库

desktop publishing 桌面出版

exact matches 精确匹配

extract 抽取

file format 文件格式

format convert 格式转换

full matches 完全匹配

fuzzy matches 模糊匹配

game localization 游戏本地化

human-aided machine translation 人助机译

international testing 国际化测试

language service 语言服务

language service provider 语言服务提供商

live translate 即时翻译

LLM（large language model）大语言模型

localization 本地化

machine-aided human translation 机助人译

machine translation 机器翻译

monolingual corpus 单语语料库

mobile App localization 移动设备应用本地化

multilingual corpus 多语语料库

multimedia localization 多媒体本地化

neural machine translation 神经网络机器翻译

NLP（nature language processing）自然语言处理

OCR（optical character recognition）光学字符识别

online dictionary 在线词典

parallel corpus 平行语料库

project management 项目管理

project manager 项目经理

post-editing 译后编辑

quality management 质量管理

quality control 质量控制

QA（quality assurance）质量保证

raw corpus 生语料库

recognition 识别

retrieval 检索

RNN（recurrent neural network）循环神经网络

review 审校

search engine 搜索引擎

segmentation 切分

SEO（search engine optimization）搜索引擎优化

software localization 软件本地化

statistical machine translation 统计机器翻译

storage 储存

subtitle translation 字幕翻译

term bank 术语库

terminology management system 术语管理系统

term matches 术语匹配

translation memory 翻译记忆

translation technology 翻译技术

voice recognition 语音识别

website localization 网站翻译

附录二

常见的 CAT 工具

工具名称	官网
across	https://www.across.net
Alchemy Catalyst	https://www.alchemysoftware.com
Déjà Vu	http://www.atril.com
Heartsome Translation Studio	https://github.com/heartsome/translationstudio8
Memsource	http://www.memsource.com
MemoQ	http://www.memoq.com
OmegaT	http://www.omegat.org/en/omegat.html
SDL Trados Studio	https://www.trados.com/products/trados-studio
SmartCAT	http://www.smartcat.ai
VisualTran	http://en.visualtran.com
Wordfast	http://www.wordfast.com
Wordfast Anywhere	http://www.freetm.com
彩云小译	https://fanyi.caiyunapp.com
绘影字幕	https://huiyingzimu.com
飞译 CAT	http://www.gcys.cn
火山翻译	https://translate.volcengine.com/translive
雅信 CAT	http://www.yiba.com
译马网	http://www.jeemaa.com
YEEKIT	https://www.yeekit.com/site/translate

工具名称	官网
优译 Transmat	http://www.urelitetech.com.cn
一者 YiCAT	http://www.yicat.vip
云译	https://cloudtranslation.com/online
云译客	http://pe.iol8.com
雅信 CAT	http://www.yiba.com
雪人 CAT	http://www.gcys.cn
讯飞智能翻译平台	https://fanyi.xfyun.cn

说明：此部分为代表性 CAT 工具及其官网网址，查询时间为 2023 年 7 月 10 日。

附录三
机器翻译网站

平台名称	官网
阿里翻译	https://translate.alibaba.com
百度翻译	https://fanyi.baidu.com
必应翻译	https://cn.bing.com/translator
词霸	https://www.iciba.com
DEEPL	https://www.deepl.com/translator
海词翻译	https://fanyi.dict.cn
灵云智能翻译云	https://translate.aicloud.com
腾讯翻译君	https://fanyi.qq.com
小牛翻译	https://niutrans.com
搜狗翻译	https://fanyi.sogou.com
有道翻译	https://fanyi.youdao.com

说明：此部分为代表性机器翻译工具及其官网网址，查询时间为2023年7月10日。附录二中的有些CAT平台也提供机器翻译服务，这里不重复列举。

附录四

在线术语库与在线词典

名称	网址
中华思想文化术语库	https://shuyuku.chinesethought.cn
中国特色话语对外翻译标准化术语库	http://210.72.20.108/index/index.jsp
中国关键词——权威解读当代中国	http://www.china.org.cn/chinese/china_key_words
中国重要政治词汇对外翻译标准化专题库	http://210.72.20.108/special/class3/search.jsp
术语在线（全国科技名词委）	https://www.termonline.cn/index
CNKI 翻译助手（中国知网）	https://dict.cnki.net/index
语帆术语宝	http://termbox.lingosail.com
Dictionary	https://www.dictionary.com
柯林斯在线词典	https://www.collinsdictionary.com
朗文在线词典	https://www.ldoceonline.com
韦伯斯特在线词典	https://www.merriam-webster.com
The Britannica Dictionary	https://www.britannica.com/dictionary
The Freedictionary	https://idioms.thefreedictionary.com
麦克米伦在线词典	https://www.macmillandictionary.com
Vocabulary.com	https://www.vocabulary.com
Word Similarity	https://wordsimilarity.com
Linguee	https://www.linguee.com
Onelook	https://www.onelook.com
Etymology Dictionary	https://www.etymonline.com

续表

名称	网址
欧路词典	https://dict.eudic.net
海词词典	https://corp.dict.cn
沪江小 D 词典	https://dict.hjenglish.com/en
金山词霸	http://www.iciba.com
趣词词典	https://www.quword.com
人人词典	http://www.91dict.com
有道词典	https://youdao.com
必应词典	https://www.bing.com/dict?mkt＝zh-CN
剑桥在线辞典	https://dictionary.cambridge.org
牛津在线词典	https://www.oxfordlearnersdictionaries.com
牛津搭配词典	http://collocationdictionary.freedicts.com
Visuwords	https://visuwords.com
Wantwords	https://wantwords.net

参考文献

[1] ALA. *American Library Presidential Communication on Information Literacy*: *Final Report*［M］. Chicago: ALA,1989.

[2] Bowker, L. *Computer-Aided Translation Technology*: *A Practical Introduction*［M］. Ottawa: University of Ottawa Press, 2002.

[3] Elsenberg, Michael & Berkowitz, Robert E. *Information Problem-Solving*: *The Big Six Skills Approach to Library & Information Skills Instruction*［M］. Kent: Albex Publishing Corportion，1990.

[4] PACTE. Investigating Translation Competence: Conceptual and Methodological Issues［J］. *Meta*, 2005, *50*(2):609-619.

[5] Pinto, M. & D. Sales. INFOLITRANS: A Model for the Development of Information Competence for Translators［J］. *Journal of Documentation*, 2008, *64*(3): 413-437.

[6] PMI. *A Guide to the Project Management Body of Knowledge*［M］. 5th ed. Newtown Square: Project Management Institute, 2013.

[7] Zurkowski, P. G. *The Information Service Environment Relationships and Priorities*［M］. Washington D.C.: National Commission on Libraries and Information Science (NCLIS), 1974.

[8] 钱多秀. 计算机辅助翻译(全国翻译硕士专业学位系列教材)［M］. 北京: 外语教学与研究出版社,2011.

[9] 王华树. 计算机辅助翻译实践［M］. 北京:国防工业出版社,2015.

[10] 王少爽. 职业化时代译者信息素养研究:需求分析、概念阐释与模型构建［J］. 外语界,2017（01）:55-63.

[11] GB/T 10112-1999 术语工作原则与方法［S］. 国家质量监督局,1999.

[12] GB/T 19363-2008 翻译服务规范第一部分:笔译［S］. 中华人民共和国国家质量检验检疫总局中国国家标准化管理委员会,2008.

［13］ISO17100 国际翻译服务流程标准［S］. 国际标准化组织,2015.

［14］T/TACX-2019 译员职业道德准则与行为规范［S］. 中国翻译协会,2019.